PODE NÃO SER O QUE PARECE

Samy Dana e Sérgio Almeida

Pode não ser o que parece

O que traz felicidade, com quem se casar, quais amigos ter ou como a ciência ajuda você a tomar as melhores decisões

Copyright © 2017 by Samy Dana
Copyright © 2017 by Sérgio Almeida

Grafia atualizada segundo o Acordo Ortográfico da Língua Portuguesa de 1990, que entrou em vigor no Brasil em 2009.

Capa
Eduardo Foresti e Mikka Mori

Preparação
Pedro Staite

Revisão
Isabel Cury
Marise Leal

Dados Internacionais de Catalogação na Publicação (CIP)
(Câmara Brasileira do Livro, SP, Brasil)

Dana, Samy
  Pode não ser o que parece : o que traz felicidade, com quem se casar, quais amigos ter ou como a ciência ajuda você a tomar as melhores decisões / Samy Dana e Sérgio Almeida. – 1ª ed. – Rio de Janeiro : Objetiva, 2017.

  Bibliografia.
  ISBN 978-85-470-0047-9

  1. Conduta de vida 2. Cotidiano 3. Dinheiro 4. Economia 5. Emoções 6. Felicidade I. Título.

17-07578   CDD-330.01

Índice para catálogo sistemático:
1. Economia e sociedade   330.01

[2017]
Todos os direitos desta edição reservados à
EDITORA SCHWARCZ S.A.
Praça Floriano, 19, sala 3001 – Cinelândia
20031-050 – Rio de Janeiro – RJ
Telefone: (21) 3993-7510
www.companhiadasletras.com.br
www.blogdacompanhia.com.br
facebook.com/editoraobjetiva
instagram.com/editora_objetiva
twitter.com/edobjetiva

Para Bárbara e Luca
SAMY DANA

Aos meus pais
SÉRGIO ALMEIDA

Sumário

Introdução 9
1. Quando o inesperado acontece 13
2. O amor tem um preço (ou "Com quem se casar") 30
3. Boas intenções não bastam 50
4. Os paradoxos da felicidade 65
5. Quantos e quais amigos ter? 83
6. O preço do sucesso pode ser a mediocridade 95
7. O poder daqueles que nos cercam 107
8. Validação social: Por que nos importamos com a opinião dos outros? 125
9. Como as emoções afetam nossas decisões? 139
10. Você se importaria se eu pegasse mais? 153

Agradecimentos 167
Referências bibliográficas 168
Créditos das imagens 175

Introdução

"O curso do verdadeiro amor nunca fluiu suavemente", escreveu Shakespeare em *Sonho de uma noite de verão*. Quem nunca se viu diante do fim de um relacionamento que parece perfeito e de repente acaba? Por que isso acontece? Essa é apenas uma das inúmeras dúvidas que já tivemos ou vamos um dia ter. Como criar os filhos, quantos amigos ter, como ser feliz e como o dinheiro afeta a felicidade são outras questões que têm grande impacto na nossa trajetória de vida. Pode parecer surpreendente, mas a economia tem muito interesse por tais questões. Em parte porque são escolhas que envolvem algum tipo de escassez — seja de recursos materiais, seja de tempo. Também, porque muitas dessas decisões, aparentemente mundanas, terão implicações importantes sobre vários aspectos de como a economia se organiza. É comum as pessoas pensarem que o estudo da economia trata apenas de assuntos que envolvem dinheiro. Há outro mundo, porém, relativamente pouco explorado pela maioria dos economistas.

A ideia do livro surgiu depois de um encontro em que nos perguntamos: e se em vez de falarmos sobre os temas comuns e esperados dos economistas, abordássemos assuntos mais interessantes para a vida das pessoas? E se mostrássemos o lado econômico que fica oculto em tantas decisões que tomamos? Ao longo deste livro, você descobrirá como a pesquisa científica em economia, e áreas próximas, como a psicologia, pode ajudá-lo a entender assuntos centrais da vida e o porquê das escolhas que costumamos (não) fazer. Escrevemos este livro porque você — nós e todo mundo, na verdade — deseja compreender o próprio comportamento e tomar decisões acertadas ao longo da vida. Não são objetivos fáceis e tampouco oferecemos respostas definitivas, mas há muita gente nas universidades de todo o mundo dedicando boa parte de sua vida produtiva a entender muitas das questões que parecem relevantes apenas para nós mesmos. Boa parte desse conhecimento, entretanto, está escondida em artigos publicados em revistas voltadas apenas para a comunidade científica.

Nos capítulos deste livro trataremos de vários temas do cotidiano, sem a pretensão, obviamente, de esgotá-los. Falaremos sobre felicidade, casamento, dinheiro, sexo, emoções, além de temas mais específicos, como criação dos filhos, desempenho escolar, combate às drogas, o impacto das amizades em nossas vidas, políticas de segurança e como encontrar o par ideal. É difícil imaginar — não importa sua idade ou formação profissional — que não haja aqui algum assunto que já não tenha merecido sua atenção, que não tenha sido um problema de decisão.

Pode não ser o que parece é um livro que funciona, portanto, como uma ponte entre, de um lado, as pessoas produzindo conhecimento sobre esses assuntos de uma forma mais metódica e baseada em cuidadosa análise dos dados e, de outro lado, todos nós que nos deparamos com as dificuldades de entender eventos cruciais da nossa vida. O livro é também, ainda que como produto indireto, uma tentativa de mostrar como o olhar dos economistas pode ser útil também para entender temas comportamentais comuns às nossas vidas, e não apenas para falar sobre juros, inflação e investimentos financeiros. Fugimos do senso comum da sociedade e respondemos com números, dados e pesquisas a questões que afligem a todos.

1. Quando o inesperado acontece

Sempre que introduzir um esquema de incentivos, você tem apenas que admitir para si mesmo que, não importa quão inteligente você pensa que é, há uma chance muito boa de que alguém mais inteligente do que você vá descobrir uma maneira de vencer o regime de incentivo.

Steven Levitt, autor de Freakonomics

Na época do domínio colonial da Grã-Bretanha sobre a Índia, o governo britânico estava preocupado com as numerosas cobras venenosas que rastejavam pela cidade indiana de Delhi. Assim, ofereceu uma recompensa para cada cobra que um cidadão lhe entregasse. Por um tempo, a estratégia teve êxito e houve um grande número de cobras sendo mortas pela recompensa. Mas, com o passar do tempo, as coisas foram mudando. Alguns viram uma oportunidade na estratégia do governo e começaram a criar cobras. Fizeram daquilo um negócio, e diversas pessoas passaram a ter criadouros imensos. O governo, percebendo o equívoco, cancelou o programa. Os criadores de cobra, que agora possuíam algo que não tinha mais valor, as soltaram. Como resultado, a população de cobras ficou muito maior do que antes do programa. A aparente solução, baseada unicamente em boas intenções, ignorou as consequências não intencionais e apenas piorou a situação.

Dessa anedota, surgiu o termo "efeito cobra", que é a tentativa de solução de um problema que na verdade o agrava — as chamadas consequências não intencionais. Podemos não perceber, mas existem muito mais "efeitos cobras" por aí do que imaginamos.

A LEI SECA AMERICANA

Vamos supor que exista determinado produto que faça mal à população. O governo, na tentativa de frear os malefícios de seu consumo — cercado de boas intenções —, decide proibir a comercialização desse produto. Ele realmente deixaria de ser consumido pela sociedade? Os malefícios de seu consumo cessariam após a proibição? A sociedade se beneficiaria dessa decisão rodeada de boas intenções?

A intuição nos diz que sim, mas não foi exatamente o que aconteceu nos Estados Unidos, quando entrou em vigor a Lei Seca, sob o mandato do presidente Woodrow Wilson. A Lei Seca americana tinha por objetivo acabar com a fabricação, o comércio e o transporte de bebidas alcoólicas. O motivo? Segundo alguns grupos conservadores americanos, a bebida era um mal que levava à violência, à pobreza e a graves problemas de saúde. Portanto, deveria ser combatida.

O governo, ciente desse panorama, se sentiu na obrigação de tomar alguma atitude e aprovou a 18ª emenda à Constituição norte-americana em 16 de janeiro 1919, que entraria em vigor um ano depois. O objetivo, assim como no caso das cobras, era acabar com as bebidas alcoólicas, bem como com os problemas que derivam de seu consumo. O clima era de festa. O reverendo Billy Sunday, um dos religiosos mais populares dos Estados Unidos, adotou um tom épico quando a lei entrou em vigor. "O reino das lágrimas acabou. As favelas logo serão memória. Vamos transformar nossas prisões em fábricas e nossas cadeias em armazéns. Homens caminharão eretos, mulheres vão sorrir e as crianças darão risadas." Mas o reverendo estava errado.

A intenção era boa, mas o resultado não foi o esperado. Em vez de acabar com o consumo de álcool e diminuir os problemas sociais, a Lei Seca fez explodir a criminalidade em diversos estados. Como era proibido vender álcool em bares abertos ao público, começaram a surgir diversos bares clandestinos subterrâneos, conhecidos como Speakeasies — pontos de encontro de pessoas que queriam beber sem chamar atenção. Nesses lugares, o álcool era facilmente encontrado e não existia lei que proibisse seu consumo.

Além do surgimento dos bares clandestinos, começaram a surgir produtores clandestinos, que faziam álcool caseiro de baixa qualidade e, em alguns casos, tóxicos. A bebida clandestina passou a gerar problemas de saúde ainda mais graves, levando pessoas à morte por intoxicação e cirrose.

Como o combate de algo que estava instaurado na cultura norte-americana na prática se mostrou muito difícil, a Lei Seca, com a crescente corrupção, passou a provocar a desmoralização das autoridades. No entanto, além da corrupção e da clandestinidade, a Lei Seca havia criado mais um fenômeno: as gangues. Foi justamente em razão dessa lei que se viu o surgimento das máfias. Simples. De um momento para o outro, não se podia mais produzir álcool. A atividade competitiva entre empresas passou a ser privilégio de alguns pequenos grupos que se fortaleciam com faturamentos cada vez mais altos em um mercado de poucos agentes. Foi nessa época que surgiram figuras como Al Capone, um dos maiores gângsteres americanos ligados ao contrabando e à venda de bebidas durante a Lei Seca.

Passados alguns anos, o Congresso norte-americano já podia ver os resultados da 18ª emenda. Havia poucos dados para saber se o consumo de álcool fora de fato reduzido, mas esses poucos dados sugeriam que sim. No entanto, a medida do governo, rodeada de boas intenções, havia mostrado que o problema do banimento era muito mais complexo do que se imaginava. E mostrou que nenhuma imposição jurídica é capaz de mudar hábitos já arraigados em uma cultura.

No caso da Lei Seca, os efeitos secundários da proibição, como corrupção, contrabando e violência, foram muito maiores do que os benefícios da redução no consumo de álcool. Treze anos, onze meses e 24 dias foi o tempo em que vigorou a Lei Seca nos Estados Unidos, até hoje a única lei revogada na Constituição norte-americana.

Embora se refira a um passado distante, do período de 1920 a 1933, essa história pode nos ensinar valiosas lições sobre o que vivemos hoje em relação a outras drogas e como podemos combatê-las.

COMO A GUERRA ÀS DROGAS AUMENTA O CONSUMO DE COCAÍNA

Não é surpresa alguma que o problema das drogas lícitas ou ilícitas definitivamente é muito mais do que um problema econômico: é um problema de saúde pública. Alguns defendem que, antes de tudo, é uma questão de liberdade individual. Nós, economistas, queremos analisar os problemas econômicos no mercado das drogas, pois, como qualquer produto, as drogas são bens comercializados e também estão sujeitas às leis de mercado. Não levar em consideração o poder desse mercado e negligenciar seus efeitos pode nos levar a cometer os mesmos erros que o Congresso norte-americano cometeu em 1919.

Mas por que em 1919 o governo dos Estados Unidos decidiu intervir no mercado de bebidas? Em outras palavras, quando se justifica a intervenção de um governo em determinado mercado?

Do ponto de vista econômico, a intervenção se justifica quando esse mercado exibe falhas. Uma dessas falhas é o que os economistas chamam de "externalidades". As externalidades nada mais são do que "os efeitos colaterais de uma decisão sobre aqueles que não participaram dela". Ou seja, pense em uma petroquímica que, para produzir seu produto final, acaba poluindo um rio, mas sem levar em conta esses danos à sociedade. Nesse cenário, o governo, a fim de corrigir essas distorções, deveria, de alguma forma, desestimular parte da produção dessa petroquímica e, assim, fazer com que ela leve essa poluição em consideração ao fabricar seu bem. Essa correção por parte do governo poderia vir, por exemplo, através de impostos ou multas. Dessa maneira, a decisão da petroquímica seria a de produzir uma quantidade menor e, consequentemente, reduzir a poluição lançada ao rio, o que causaria menos danos à sociedade como um todo.

No caso das drogas, a intervenção se justifica pelos danos (externalidades) que as drogas e seu consumo causam à sociedade. Pode-se argumentar que o uso das drogas tem a ver com liberdade, mas, do ponto de vista econômico, os milhões gastos em saúde pública e no combate à violência justificariam a intervenção do governo.

No entanto, assim como no caso da Lei Seca, ainda que haja boas intenções, qualquer alteração brusca em um mercado pode produzir consequências inesperadas. Por exemplo, para alguns, uma das consequências do combate às drogas é o fato de as pessoas estarem migrando para drogas mais pesadas. Milton Friedman, falecido professor da Universidade de Chicago, vencedor do prêmio Nobel de Economia e conhecido por ser um dos ícones do pensamento liberal, foi quem fez essa afirmação. Friedman argumenta que o efeito de se criminalizar as drogas é levar as pessoas de drogas mais moderadas para drogas mais pesadas. Segundo ele, as forças de combate às drogas têm tido mais sucesso ao proibir drogas como maconha, por serem mais fácil de detectar pelo volume, cheiro etc., do que drogas como cocaína. Esse resultado tem gerado o aumento do preço da maconha (oferta menor) e reduzindo o preço da cocaína. Como a demanda de um bem em geral é inversamente proporcional ao seu preço, o combate às drogas estaria provocando um aumento do consumo de cocaína e reduzindo o de maconha.

Além do mecanismo de preços relativos, o combate às drogas também altera o número de agentes no mercado. Isso porque a guerra ao tráfico acaba protegendo os cartéis e fortalecendo o crime organizado. Em um mercado livre — de batata ou carne, por exemplo —, existem milhares de produtores e qualquer um pode fazer parte dele. Mas no mercado das drogas, obviamente, não há como entrar, pelo menos legalmente. A guerra às drogas, em vez de garantir a competição, acaba por garantir o monopólio de poucos fornecedores, elevando os custos dessa atividade. Então, como os custos para permanecer nesse mercado são elevados, pois envolvem subornos, violência, entre outros, os únicos *players* que conseguem sobreviver são os grandes cartéis, como aconteceu no caso de Al Capone. No Brasil, os grandes exemplos são os cartéis do crime organizado e do tráfico de drogas: Comando Vermelho (CV), Primeiro Comando da Capital (PCC), Terceiro Comando e Amigos dos Amigos (ADA).

OS CARTÉIS E O SURGIMENTO DO CRACK

Qual é a consequência desses cartéis no mercado das drogas? A teoria diz que os produtos de um mercado com poucos produtores tendem a ter preços mais altos do que em um mercado competitivo. Ou seja, em um mercado onde haja elevadas barreiras de entrada, como acontece com o das drogas, o preço do produto acaba se tornando extremamente elevado.

Muitos poderiam argumentar, no entanto, que esse fator é benéfico, uma vez que o preço mais alto diminui a demanda por um bem e, portanto, o consumo de drogas, certo? Na verdade, não muito. A Lei Seca é um ótimo exemplo de que é preciso pensar na sociedade como um todo. Se por um lado a proibição às drogas desencorajaria seu consumo por parte dos usuários, há um grupo de estudiosos que aborda os custos dessa estratégia. Para Friedman, há uma relação entre a guerra ao tráfico, o surgimento de cartéis e o surgimento do crack. Como ele afirma: "O crack nunca teria existido, na minha opinião, não fosse pela proibição às drogas".

A lógica por trás de tal afirmação é a seguinte: como dito, em qualquer mercado em que um empreendedor vê grande possibilidade de lucros, há um incentivo para mais empresas entrarem no setor. Com a atuação de mais *players*, há um aumento da concorrência, da eficiência do setor, e, por conseguinte, os preços tendem a cair.

Mas no mercado das drogas a lógica do livre mercado e da competitividade é justamente a oposta, pois é muito difícil para um indivíduo entrar nesse meio, já que a proibição e a criminalização das drogas elevam em muito os custos da atividade. Então os únicos agentes que conseguem sobreviver nesse mercado são os grandes cartéis ao redor do mundo, que produzem cocaína a preços elevados. Com isso, pessoas viciadas, sem controle sobre seu consumo, passaram a fazer uso de drogas tão ou mais potentes, mas a um preço mais baixo, como o crack. Portanto, para Friedman, o crack surgiu porque a cocaína era cara.

UMA NOVA ABORDAGEM: SERIA A MACONHA O NOVO ÁLCOOL?

Do ponto de vista econômico, o aumento do preço das drogas, o surgimento das gangues, a explosão da corrupção e a criação de entorpecentes alternativos mais baratos seriam algumas das consequências e desvantagens do combate às drogas. Esses efeitos colaterais nos sugerem que a maneira como o combate às drogas vem sendo feito deveria ser, no mínimo, repensada.

Não por coincidência, o debate sobre descriminalizar as drogas vem ganhando mais força. Palavras como descriminalização e legalização começam a entrar nos discursos de líderes políticos como Pepe Mujica, ex-presidente do Uruguai, e Fernando Henrique Cardoso. Mas devemos ser pragmáticos e nos perguntar quais seriam as vantagens de legalizar as drogas.

Retornemos ao exemplo da Lei Seca. No auge da crise de 1929, com a Lei Seca em vigor havia nove anos, os americanos favoráveis à liberalização do álcool tinham fortes argumentos a seu favor. A legalização das bebidas geraria mais emprego nas indústrias de cerveja e também nos bares que a comercializariam. A regulamentação do mercado de álcool aumentaria a arrecadação de impostos, uma vez que não há como cobrar impostos de produtos ilegais. Como o mundo passava por uma grande crise, esses argumentos foram ganhando relevância.

Em relação aos grandes cartéis que surgiram devido ao banimento do álcool, o número de gângsteres como Al Capone seria reduzido e substituído por empresas pagadoras de impostos e criadoras de empregos. E foi com esses argumentos que os opositores do então presidente americano Franklin Roosevelt o convenceram a pedir ao Congresso que legalizasse o álcool em 1933, revogando a emenda constitucional da Lei Seca.

No mundo das drogas ilícitas atuais não é diferente. Hoje em dia, as indústrias de bebidas alcoólicas são grandes pagadoras de impostos. Apenas em 2014, a Ambev, maior empresa privada do país, foi responsável por pagar mais de 2 bilhões de reais em tributos. Ninguém morre pelas gangues ao comprar uma cerveja. Não é necessário suborno para ter acesso a uma garrafa de vodca. Porém, a partir do momento em que um produto é considerado ilegal, o suborno e o uso da violência passam a ser realidade.

Friedman não é um lobo solitário nessa crítica à estratégia de guerra às drogas. Os professores de economia Jeffrey Miron e Jeffrey Zwiebel também fazem uma análise de seus custos e benefícios e citam outras vantagens econômicas da legalização de algumas drogas. Por exemplo, a redução de gastos com monitoramento, queda da população carcerária e de gastos relativos, além da redução de gastos com saúde devido ao consumo de drogas de má qualidade. E há também um fator psicológico na legalização das drogas, que é o fato de consumir algo proibido. Segundo Friedman, o fato de ser algo ilegal atrai algumas pessoas, principalmente os jovens. Legalizar, portanto, atrairia menor interesse de alguns.

Esse movimento de descriminalização não está somente no campo das ideias de alguns líderes. Em 2014, o Colorado passou por uma mudança radical ao permitir o plantio e o consumo de maconha, longe de traficantes, por meio de um mercado regulado. Com essa mudança, em 2015, o Colorado arrecadou 135 milhões de dólares em impostos ao movimentar aproximadamente 1 bilhão de dólares. Um mercado dessa magnitude tem o potencial de movimentar a economia e gerar empregos em uma atividade que, de uma forma ou outra, já existe.

Mas a experiência do Colorado é recente. Devemos, ao contrário do que os britânicos fizeram na Índia, evitar a tentação com os resultados de curto prazo. Para isso, temos outros exemplos de países que saíram na frente e realizaram esse experimento. Foi o caso de Portugal, que passou por esse processo em 2001. Em 2009, uma pessoa que era contrária à descriminalização das drogas escreveu no *New York Times* que essa política levaria a "centenas de bilhões de dólares em novos custos com saúde, acidentes, redução da produtividade do trabalhador e menores realizações educacionais". Essa seria apenas a opinião de uma pessoa e não teria importância se não fosse, de fato, o senso comum de muitos. Precisamos mais do que senso comum.

Uma nova pesquisa sobre a política das drogas em Portugal sugere que não foi isso que aconteceu. Portugal descriminalizou a posse de todas as drogas em 2001.* O resultado, após quase uma década, de acordo com um estudo publicado no *British Journal of*

---

* A descriminalização é diferente da legalização, pois contrabandistas e traficantes de drogas ainda são procurados e punidos. O indivíduo só está autorizado a possuir pequenas quantidades de drogas ilegais sem ser punido como um revendedor. Sob as leis atuais, um português ainda pode ser preso e enviado aos conselheiros, mas não enfrentará a prisão, a menos que não coopere.

Criminology: menos uso de drogas entre adolescentes, menos infecções por HIV e mais drogas apreendidas pela aplicação da lei. A taxa de uso de drogas aumentou ligeiramente — mas esse aumento não foi maior do que o observado em países vizinhos que não mudaram suas políticas. Ou seja, isso é uma possível evidência de que não foi a descriminalização das drogas que aumentou seu uso.

Não podemos ser ingênuos, pois não há maneira de saber que, se houve alguma redução, essas mudanças foram causadas pela mudança na política — sem grupo de controle, esse tipo de pesquisa não pode determinar a causa e o efeito. Mas Portugal passou a ter a menor taxa de usuários entre os países da Europa Ocidental, com 0,9% da população, contra 6,1% no Reino Unido, 4,6% na Itália e 3,2% na Alemanha. Além disso, 19% dos jovens de quinze a dezesseis anos de idade na Europa já experimentaram maconha pelo menos uma vez, em comparação com 13% dos portugueses da mesma idade.

"O efeito direto mais importante foi a redução do uso de recursos da Justiça penal destinados aos usuários de drogas", diz Alex Stevens, professor de justiça criminal da Universidade de Kent, no Reino Unido, e coautor do estudo. Antes, um grande número de pessoas ia para a cadeia por uso de drogas. No âmbito da política de descriminalização em Portugal, os usuários não são presos, mas encaminhados pela polícia para uma comissão de "dissuasão". A comissão é composta de três pessoas, normalmente um advogado, um assistente social e um profissional de saúde. O grupo determina se a pessoa é viciada. Em caso afirmativo, ela pode ser encaminhada para tratamento ou receber penalidades específicas, como ser banida de determinado bairro ou perder a carteira de motorista. O tratamento não é forçado. Apenas cerca de 5% a 6% dos usuários são levados perante essas comissões uma segunda vez no mesmo ano.

COMO DIMINUIR O EFEITO DA REDUÇÃO DOS PREÇOS EM UM MERCADO LEGALIZADO?

A conclusão que alguns podem tirar até aqui é a de que legalizar algumas drogas seria, portanto, a solução para problemas como violência, vandalismo etc. Não haveria nenhuma consequência negativa na legalização das drogas? Certamente haveria! Michael Grossman e Frank Chaloupka, economistas norte-americanos e estudiosos do tema, analisaram o efeito da legalização de drogas como a cocaína. Eles concluíram que sua legalização com certeza reduziria o preço (pelos motivos já expostos). E, como a demanda é inversamente proporcional ao preço, haveria o aumento do consumo. Mas em quanto aumentaria esse consumo? Os consumidores são de fato sensíveis ao preço?

Para responder a essa questão, Grossman e Chaloupka reuniram dados sobre o consumo de cocaína entre jovens de dezessete e 29 anos. Uma redução no preço da cocaína em 10% aumentaria o número de usuários em 10% no longo prazo e a frequência de seu uso em 3%. Em um teste que considera uma população fixa, para analisar apenas quanto a mesma pessoa passaria a consumir mais, Grossman e Chaloupka estimam que uma redução do preço em 10% aumentaria o consumo em 14%. Ou seja, os usuários são extremamente sensíveis ao preço.

Essa variação da demanda quando há redução do preço é o que geralmente se deseja. Imaginemos um mercado de alimentos. O fato de um mercado em pleno funcionamento reduzir seus preços e aumentar seu consumo significa que a população poderá ter mais acesso a esses alimentos. Porém, em se tratando de drogas, não é isso que em geral se deseja. Ou seja, nesse caso, um consumo maior seria prejudicial à população.

Nesse ponto, porém, há duas considerações feitas pelos próprios pesquisadores. A primeira é que, para conter tais efeitos do aumento do consumo, os preços poderiam ser aumentados por impostos, uma vez que manter o mesmo preço final para o consumidor não provocaria o aumento do consumo devido ao preço. Além disso, esse aumento de impostos resultaria em maior arrecadação para o governo.

O segundo ponto lembra que o simples fato de alguma coisa ser proibida faz aumentar o desejo por ela, especialmente entre os mais jovens.

Dessa forma, mesmo que a legalização das drogas possa reduzir o preço e consequentemente aumentar sua demanda, há mecanismos que o governo pode utilizar que vão na direção oposta.

O CASO DOS CIGARROS E DAS BEBIDAS. POR QUE CONSUMIR ALGO QUE SABEMOS QUE FAZ MAL À SAÚDE?

Tão relevantes quanto o combate a essas drogas ilícitas são as medidas de desestímulo do governo a drogas lícitas como cigarro e bebidas. Ainda que sejam legais, é interesse dos governantes frear seu uso, pois, como já dito, são altos os gastos com doenças relacionadas ao seu consumo. No Brasil, segundo o Instituto Nacional do Câncer (Inca), o tabagismo é responsável por 200 mil mortes por ano. Câncer de pulmão, enfisema, cirrose e infarto são alguns exemplos do que o álcool e o tabagismo podem causar. Não é novidade para ninguém que o consumo dessas substâncias traz danos à saúde. O que leva, no entanto, um indivíduo a continuar consumindo essas drogas? O vício.

Tecnicamente algo é considerado viciante quando apresenta duas características simultâneas: reforço e tolerância. O reforço se refere ao fato de que, quanto maior for o consumo passado, maior tenderá a ser o consumo presente. Já tolerância significa que, quanto mais o indivíduo consumiu esse bem no passado, mais precisará consumi-lo para atingir o mesmo grau de satisfação.

A água não é um bem que vicia. Afinal, não vamos consumir mais água no presente só porque bebemos dois litros no dia anterior. Além disso, dois litros de água nos satisfazem da mesma maneira ontem ou hoje. Jogos de azar, por outro lado, podem ser viciantes, pois, quanto mais algumas pessoas jogam, mais elas desejam repetir essa ação e, para terem a mesma "adrenalina", precisam jogar mais vezes do que anteriormente.

Gary Becker, Michael Grossman e Kevin Murphy mostram que o cigarro é viciante e apresenta essas duas características. Até aí tudo bem, mas os pesquisadores formularam o conceito de "vício racional", que parece ser o conceito que explica a incoerência de que, mesmo sabendo que algo é prejudicial a sua saúde, o consumidor continua usando esse bem. Segundo os autores, isso acontece porque os "viciados" analisam os custos e os benefícios de consumir tal bem. Para eles, o benefício (prazer momentâneo) seria maior do que os custos (possíveis doenças no futuro). Posto de outra forma, os consumidores reconhecem a natureza viciante de algumas de suas escolhas, mas as fazem baseados na ideia de que os ganhos provenientes excedem os custos existentes.

Diversas são as pesquisas que mostram que os indivíduos possuem o vício racional. O grande problema é que muitas pessoas têm informações erradas sobre os custos e os benefícios. Possuem problemas de autocontrole e não fazem uma análise correta dos danos de algumas substâncias, muitas vezes por falta de informação. Esse fenômeno faz com que os adultos subestimem em aproximadamente 40% os prejuízos do hábito de fumar, segundo alguns estudos.

Sabendo que muitas vezes as pessoas realizam um julgamento errado das informações, a estratégia de combate ao fumo tem ganhado novas vertentes por parte do Estado. O objetivo agora é levar informação aos fumantes. Por exemplo, atualmente uma das tendências nesse setor é imprimir imagens dos efeitos do tabagismo nos próprios maços de cigarro. Além disso, algumas estratégias para fechar o cerco ao tabagismo são: restrição a propagandas, restrição a pontos de venda e proibição de consumo em lugares fechados.

Se antes as propagandas enfatizavam o lado sedutor do tabagismo com propagandas de caubóis, hoje a ênfase está em seus malefícios. Como consequência, o Brasil foi reconhecido internacionalmente pelos bons resultados. Segundo dados da Vigilância de Fatores de Risco e Proteção para Doenças Crônicas, o país possuía 15,6% de fumantes em 2006, número que foi reduzido para 10,8% em 2015 — uma queda de aproximadamente um terço.

CIGARROS E ÁLCOOL: BENS SUBSTITUTOS OU BENS COMPLEMENTARES?

Assim como Friedman sugere que o combate à cocaína fez surgir o crack, será que o combate ao cigarro produz consequências não intencionais no consumo de outras drogas?
Nos últimos anos, o preço do cigarro tem aumentado de maneira considerável ao redor do mundo. Segundo dados do setor,

o preço das marcas mais consumidas no Brasil passou de um real em 2000 para 5,75 reais em 2014, um aumento muito acima da inflação. Além disso, um grande número de estados vem impondo restrições ao seu consumo. Esse crescimento dos custos e das barreiras ao fumo criou um experimento natural que nos possibilita responder se o combate ao cigarro produz ou não efeitos secundários no consumo de outras substâncias.

Gabriel A. Picone, Frank Sloan e Justin Trogdon ficaram curiosos para saber se o aumento no preço do cigarro reforça o consumo de bebida alcoólica. Descobriram que, quando há algum tipo de aumento no preço do cigarro, as pessoas passam a consumir mais álcool. Isso caracteriza o cigarro e o álcool como bens substitutos,* ou seja, caso o cigarro fique mais caro, haverá o aumento da demanda por bebida alcoólica como fonte de prazer ou redutor de estresse. É uma constatação interessante, pois alguém que analisasse apenas o consumo de cigarro após um aumento de preço poderia superestimar o impacto da medida, o que é uma análise estática e correta. Porém, em uma análise dinâmica, percebe-se que, na verdade, parte das pessoas aumentou o consumo de álcool.

Embora o aumento do preço desestimule o consumo, sabemos que essa medida não é a única utilizada por órgãos públicos e que, de forma surpreendente, produz consequências totalmente distintas. Verificou-se nesse mesmo estudo que, quando o me-

---

* Os bens X e Y são considerados substitutos quando, por exemplo, o preço do bem X sobe e o indivíduo substitui seu consumo pelo do bem Y, de modo que a quantidade demandada do bem Y aumenta. Exemplo de bens substitutos: margarina e manteiga. Por outro lado, os bens são complementares quando o aumento do preço do bem X (e sua redução) provoca a redução da demanda pelo bem Y. Exemplo de bens complementares: cartucho de impressora e impressora.

canismo de desestímulo ao consumo ocorre por causa do preço (por meio de impostos), as pessoas substituem o cigarro pela bebida, mas, quando esse controle é feito via restrições físicas (não poder fumar em casas noturnas, por exemplo), as pessoas passam a consumir menos de ambos os bens. Trata-se de uma descoberta muito interessante, pois, embora as duas medidas visem desencorajar o consumo dessas substâncias, no primeiro caso — devido aos preços — há um efeito potencializador de migração para a outra substância, enquanto no segundo caso — por meio de restrições de acesso — há um efeito redutor. Entender a diferença desses efeitos é uma ferramenta poderosa para políticas públicas mais efetivas.

É inegável que a questão das drogas é um tema polêmico na sociedade. Não é nosso objetivo, portanto, militar a favor ou contra a legalização ou o banimento das drogas. Nem nos posicionarmos contra ou a favor da regulação do mercado de drogas lícitas. A questão da liberdade individual de escolha também é importante, mas não é tema de nosso estudo. O que queremos é mostrar que, ao interferirmos em qualquer mercado, temos que pensar nos impactos cruzados e na sociedade como um todo, pois, caso contrário, teremos apenas uma nova lei seca que gera mais danos do que benefícios. Teremos apenas o nosso efeito cobra.

2. O amor tem um preço (ou "Com quem se casar")

> *Os homens se casam na esperança de que a mulher nunca mude. As mulheres se casam com homens com a esperança de que eles vão mudar. Invariavelmente, os dois se decepcionam.*
>
> Albert Einstein

"Para onde vou? O que farei?", pergunta, em tom de desespero, Scarlett O'Hara, a heroína meio mimada do famoso romance *... E o vento levou*.

"Francamente, querida, eu não dou a mínima", responde Rhett Butler, virando as costas e partindo sem olhar para trás.

Scarlett fica tão surpresa quanto desolada. Estava claro ali que Rhett havia finalmente desistido dela. E não sem razão. Scarlett era difícil, indecisa. Queria um homem que não a quis. Casou-se com outros, que vieram a morrer em meio à Guerra Civil Americana. No velório do segundo marido, recebeu uma proposta de casamento de Rhett. Aceitou. Mas o casamento era turbulento e Scarlett parecia ainda nutrir sentimentos pelo homem do passado — Ashley. Rumores de um caso entre os dois deixam Rhett com ciúmes. Discussões, brigas e até um triste acidente acabam por precipitar o que parecia inevitável: a separação. Que parece definitiva, a julgar pela indiferença de Rhett. Histórias de amor na literatura são frequentemente repletas de drama e nuances trágicas. No entanto, a história de conquista, casamento e separação de Scarlett e Rhett é, em sua essência, menos ficcional do que parece. Sonhar com um grande amor, sonhamos todos. Cerca de 88% dos norte-americanos com idade entre vinte e 29 anos, por exemplo, acreditam que existe uma alma gêmea esperando por eles. A realidade, por sua vez, não tem compromisso com nossas fantasias, pelo menos não com todas. Cerca de 50% dos casamentos nos quais a noiva tem mais de 25 anos acabam em divórcio dentro de quinze anos. Por mais doloroso que pareça, a separação pode vir a ser uma experiência engrandecedora.

Engrandecedora porque é uma fonte de aprendizado. Ou aprendemos que não existe uma alma gêmea com quem poderíamos contar até o fim de nossos dias, ou aprendemos que nossa busca por esse par perfeito pode ser muito mais longa e custosa do que talvez possamos pagar. Pagar? Sim, é isso mesmo. Falar de custo e preço quando tratamos de nossa vida amorosa soa ofensivo. Um acinte, coisa de economista sem coração, diriam. Afinal, custo e preço nos remetem a dinheiro, e o amor é muito mais importante do que isso. Pelo menos é o que sugere de forma inequívoca o Google: se você digitar a palavra "amor" no buscador, ela aparecerá de duas a quatro vezes mais do que a palavra "dinheiro", dependendo do idioma. Em português, por exemplo, ela aparece 417 milhões de vezes, ao passo que dinheiro tem 122 milhões de ocorrências. Amor é sem dúvida importante. Até as epístolas bíblicas falam de seu caráter essencial: "Sem amor nem todos os mistérios nem toda a ciência valeriam alguma coisa", diz Paulo em sua primeira e longa carta aos Coríntios.

Não seria um completo exagero dizer que a beleza da economia — enquanto ciência, não atividade — está em nos ensinar como alguns poucos princípios governam nossas ações e nossas interações com as pessoas. Um desses princípios, e talvez o mais elementar e compreensível, é o de que tudo nesta vida tem um custo, um preço a ser pago. Mesmo as coisas pelas quais não pagamos têm um custo: a conta de e-mail gratuita, a vacina contra a pólio na infância, o fio dental vendido com a escova. "Não existe almoço grátis", disse certa vez Milton Friedman, encapsulando o dito princípio numa frase mundana.* Mas a busca pelo amor é algo imaterial, que fazemos guiados por instintos e sentimentos. Você pode, então, concluir que não cabe falar de custo e preço quando se trata de algo sublime e imensurável como o amor. No entanto, a busca por algo inevitavelmente nos custará recursos, entre os quais está o tempo.

Como não podemos estar em mais de um lugar ao mesmo tempo, quando buscamos o par ideal arcamos com um custo invisível, mas nem por isso insignificante: as inúmeras, talvez milhares, de oportunidades das quais abrimos mão. Se somos solteiros, pagamos o preço da solidão e de não viver relacionamentos que, conhecendo mais, talvez nos surpreendessem. Se já estamos em uma relação, pagamos o preço de não encontrar quem talvez fosse um par (*match*) melhor.

A beleza do princípio de que "nada é gratuito" reside justamente na universalidade da verdade que carrega: a cada escolha

---

* Embora a frase "Não existe almoço grátis" tenha sido popularizada por Friedman, sua fonte original é desconhecida. A frase, em formas variadas, aparece em ensaios das décadas de 1930 e 1940 nos Estados Unidos, quando os bares costumavam oferecer "almoço grátis" para clientes que compravam certa quantidade mínima de bebida, como forma de atraí-los na hora da refeição.

que fazemos, incluindo as amorosas, fechamos inúmeras portas para caminhos diferentes, ainda que não de forma radical, daqueles em que já estamos. Não há, pois, busca sem preço. E, quando o que procuramos é o amor, não é surpreendente imaginar que o preço dessa empreitada seja alto. Afinal, essa busca não é trivial, contém várias dimensões e pode ser inesperadamente longa.

OS IDÊNTICOS SE ATRAEM

O que romance tem a ver com economia? Enquanto as pessoas rezam ou meditam, há também um custo a ser pago — o de oportunidade, medido pelo valor da melhor opção no uso do nosso tempo entre todas as outras possíveis — e nem por isso a economia se importa com a espiritualidade das pessoas. Porém, o interesse da economia no assunto vai além do fato de que, em certo sentido, o amor tem um preço. A decisão de unir-se a alguém (casamento) bem como a dissolução dessa união (divórcio) são eventos que envolvem outras escolhas que têm consequências sobre fenômenos pelos quais os economistas se interessam, como a organização e o tamanho das famílias e a participação das mulheres no mercado de trabalho.

A decisão sobre com quem nos casamos pode afetar também a distribuição de renda. A ideia é relativamente simples: em um mundo onde há desigualdade de renda, haveria redução da desigualdade se as uniões entre duas pessoas fossem feitas de forma aleatória: algumas pessoas de maior renda se casariam com pessoas de menor renda. Como resultado, os valores seriam distribuídos de forma mais equitativa. Note que é como se a renda fosse um traço físico/genético que pode ou não ser reforçado na população dependendo de como os casais são formados. Considere a estatura, por exemplo. Há homens e mulheres das mais diversas alturas. Se altos se casam com altos, baixinhos com baixinhos e esses traços são transmitidos para a descendência desses casais, não é difícil ver a tendência que esse arranjo cria: um mundo povoado de gente muito alta e gente muito baixa. A renda da família seria também um traço transmissível entre gerações, de modo que o casamento poderia funcionar como uma espécie de tecnologia redistributiva.

O caso em que os casamentos se dariam de forma casual é, obviamente, um caso extremo que serve para ilustrar com mais facilidade os efeitos distributivos que o matrimônio pode ter. Na prática, as uniões não são aleatórias e refletem uma combinação complexa de preferências. Dessa maneira, o efeito do casamento sobre a distribuição de renda pode ser bastante distinto do que sugere esse exemplo. O que aconteceria se, digamos, as preferências fossem tais que terminássemos nos casando apenas com quem é muito parecido conosco em termos de renda — rico com rico e pobre com pobre? É possível pelo menos perceber que isso, por si só, não ajudaria a reduzir a desigualdade. Ainda que também seja um exemplo extremo, algo mais próximo desse último caso parece estar acontecendo.

Uma pesquisa recente sobre as causas da desigualdade de renda nos Estados Unidos concluiu que o aumento no grau de similaridade educacional entre as pessoas que se casam, combinado com outras mudanças nos padrões de divórcio e a participação das mulheres no mercado de trabalho, é capaz de explicar cerca de dois terços do aumento de desigualdade observado no país de 1960 a 2005. No passado, a divisão tradicional do trabalho envolvia a já proverbial ideia de que o homem colocava o pão na mesa enquanto as mulheres administravam a casa e cuidavam dos filhos. As mulheres já não seguem exclusivamente esse papel e hoje compreendem mais de 50% do ensino superior. Com tamanha qualificação, elas ocuparão postos de considerável remuneração no mercado de trabalho. Ao decidirem se casar com alguém com as mesmas perspectivas no futuro — alguém que conheceram na sala de aula ou nos eventos sociais da universidade —, acabarão por criar uma unidade familiar com uma renda potencial muito mais alta do que se ela e o parceiro, talvez de olho em outros tipos de complementaridades, tivessem decidido se casar com pares com menor qualificação.

Casar-se com pessoas de nível educacional similar talvez seja muito proveitoso para o casal em vista do potencial de renda e de outras afinidades que essa proximidade educacional pode significar. No entanto, pode ter consequências indesejáveis para a distribuição de renda, as quais não são exatamente triviais e estão conectadas a uma série de mudanças socioeconômicas observadas no último meio século.

Com as transformações tecnológicas experimentadas nas últimas décadas, o trabalho doméstico ficou menos custoso em termos relativos. Isso facilitou o ingresso das mulheres (que tradicionalmente se ocupavam dessas tarefas) no mercado de trabalho. Juntem-se a isso o aumento nos retornos da educação (os maiores salários que a educação, sobretudo pós-secundária, começou a trazer) e a redução das diferenças salariais entre homens e mulheres. Em conjunto, são mudanças que tornam mais atrativa a busca pelo diploma universitário tanto de homens como de mulheres em geral, mas sobretudo daqueles com maior habilidade cognitiva para os quais os custos da educação universitária seriam relativamente mais baixos.

Nesse cenário, temos dois movimentos que contribuem para o aumento da desigualdade. Primeiro, temos homens e mulheres postergando o casamento para buscar educação universitária e se beneficiar dos prêmios salariais que esse tipo de qualificação implica em geral — e isso, por si só, explica parte do aumento da concentração de renda observada em vários países. Segundo, temos escolhas de casamento mais positivamente assortativas, isto é, homens e mulheres mais parecidos em termos de formação criando uma unidade familiar com maior potencial de renda. A vantagem não para por aí. Como os filhos desses casais de nível educacional e renda mais alto tendem a se beneficiar com o acesso a melhores escolas e a um ambiente familiar mais estável — uma vez que as taxas de divórcio costumam ser mais altas entre casais com menor grau de escolaridade —, os efeitos do casamento na distribuição de renda tendem a se reforçar ao longo do tempo.

A ligação entre com quem casamos e a distribuição de renda segue, portanto, a mesma lógica do exemplo sobre a estatura: se os potencialmente mais ricos se casam com os mais ricos e os potencialmente mais pobres se casam com os mais pobres, é provável que a renda familiar, se todo o restante permanecer sem variações, fique mais concentrada do que ficaria em uma situação na qual os casamentos não se dessem sistematicamente entre pessoas similares.

Os efeitos do casamento sobre a distribuição de renda são mais significativos do que se imagina porque eles afetam as oportunidades das gerações subsequentes também. Ou seja, é um efeito que pode persistir para além do horizonte de tempo do casamento. Sabe-se, por exemplo, que há uma complexa relação entre o nível educacional dos pais, a renda familiar, o tamanho da família, o padrão de acumulação de riqueza e consumo da família e o sucesso escolar dos filhos. Acredita-se, por exemplo, que, quanto maior o tamanho da família — medida pelo número de descendentes —, pior a educação dos filhos. A ideia tem de fato grande apelo: como os recursos parentais são finitos (dinheiro e tempo), crianças em uma família com dois filhos terão uma parte maior desses recursos do que crianças em uma família mais numerosa. Quanto maior a família, maior é a diluição dos recursos por filho. O efeito pode, em princípio, seguir na direção contrária, dado que é possível que o tamanho da família afete a estabilidade do casamento — quanto mais filhos, menor a probabilidade de divórcio. E filhos de pais casados apresentam melhores resultados em uma série de dimensões.*

Há evidência, no entanto, de que é a ordem de nascimento, e não o tamanho da família, que afeta a qualidade da educação recebida pelos filhos. Sandra Black, professora de economia da Universidade do Texas, e colegas perceberam que esse tipo de efeito está presente até em famílias com pais divorciados. Ser o primogênito parece trazer vantagens. Na verdade, ser o segundo filho é pior do que ser o primeiro, mas melhor do que ser o terceiro, e assim por diante. A influência da ordem de nascimento parece afetar também o desempenho no mercado de trabalho. Curiosamente, o efeito parece mais pronunciado nas mulheres mais jovens da família, que têm maior probabilidade de ganhar menos e de trabalhar em tempo integral do que os filhos do sexo masculino que ocupam a mesma posição na ordem de nascimento. Dito isso, a mensagem aqui é simples: a decisão de com quem se casar é de importância individual e até social, porque seus desdobramentos podem durar muito mais tempo do que muitas dessas histórias de amor durarão.

Que o matrimônio é uma decisão crucial não é nenhuma novidade. Quando amamos alguém, nos motivamos a gastar tempo

---

* Efeitos inclusive sobre a saúde.

e toda sorte de recursos para ganhar o coração dessa pessoa. No entanto, o crucial aqui não é saber que essa decisão é uma das mais significativas em nossa vida adulta, mas tentar entender as motivações que a governam e, buscando mais informações, preparar-se para tomar decisões melhores.

POR QUE NOS CASAMOS?

Existem essencialmente três teorias sobre por que as pessoas se casam. Uma é a de que fazemos isso para sinalizar para o outro que nosso amor é verdadeiro. Quem ama casa. Faz sentido, não? Somos ensinados que o verdadeiro amor dura para sempre. Nada mais apropriado então do que celebrar um contrato indissolúvel aos olhos de Deus para pôr um selo de eternidade na relação e nos sentimentos das pessoas envolvidas. "O que Deus une o homem não separa", diz a homilia da cerimônia religiosa. Convenhamos que é bonito. Mas igualmente irônico, dado que na prática os contratos de casamento têm se dissolvido com efetivamente a mesma chance de uma moeda jogada para o alto cair no chão com a face da coroa virada para baixo.

A segunda teoria é a de que nos casamos para receber o ganho, em grande medida simbólico, de seguir as convenções sociais. Uma boa parcela da população com mais de cinquenta anos já se casou pelo menos uma vez. Contrair matrimônio é algo que em algum momento acontecerá com você e seus conhecidos. Todos esperam que nos casemos, e com certa razão. O casamento não é um contrato simples: envolve, ao menos em expectativa, uma série de compromissos com consequências que podem persistir por toda a vida e têm custos de saída relativamente elevados. É natural, portanto, que encarar um contrato desses seja visto como um sinal de emancipação, um rito de passagem pelo qual "a sociedade" espera que passemos.

A terceira teoria, e talvez a mais interessante (pelo menos para os economistas), é a de que o casamento é meramente um mecanismo de comprometimento, uma maneira de demonstrar que estamos dispostos a encarar as responsabilidades que acompanham uma união. A ideia é simples: ao nos prendermos formalmente a um contrato de casamento, nos damos os incentivos para cooperar e fazer investimentos específicos no relacionamento. Uma vez realizada a união, é de entendimento mútuo que entre os parceiros se estabeleceu um enlace que tem custos tanto de entrada como de saída: custos legais, econômicos e sociais (a rede de amigos que se pode perder com o divórcio). A união, portanto, ao comunicarmos que estamos voluntariamente nos impondo esse tipo de custo potencial, revela nossa disposição a investir no bom funcionamento da relação.

Independentemente da motivação subjacente — seguir convenções sociais, sinalizar amor ou deixar mais evidente nosso comprometimento com as responsabilidades da "produção doméstica" que a união implica —, a decisão de se casar pode ser encarada como um problema matemático de otimização sob restrições. Problema matemático porque nossas escolhas, tanto nessa área como em outras, seriam produtos de contas mentais que ponderam benefícios e custos. Ou pelo menos é assim que os economistas costumam representar o processo de escolha dos indivíduos numa ampla variedade de situações. Otimização sob restrições porque, nessas contas mentais, enfrentamos algumas dificuldades que restringem nosso conjunto de escolha (o tempo de procura de que dispomos, os lugares nos quais podemos buscar nosso par, entre outros). Afinal, levando em consideração a idade, o momento de vida e de carreira, o local de residência etc., casar é, em certo sentido, uma questão de decidir quando parar de procurar o par perfeito. Dito assim, soa frio e distante, mas isso descreve com mais precisão do que parece a experiência da vasta maioria das pessoas na esfera romântica.

O PAR PERFEITO

É provável que existam pessoas em continentes diferentes do seu com quem você teria uma sintonia enorme. Infelizmente, há barreiras geográficas, linguísticas e econômicas que impedem que todos esses potenciais pares perfeitos espalhados pelo mundo façam parte do nosso conjunto factível de opções. Assim, os indivíduos que acabam servindo de opção de casamento formam um conjunto muito mais restrito: os habitantes de nossa cidade e as pessoas de nossos círculos sociais (amigos, amigos de amigos etc.).

Uma vez mais ou menos definidas as pessoas que fariam parte desse espaço de busca, a questão é: quem dentre essas pessoas escolheríamos para casar? É razoável imaginar que esse processo de escolha envolveria dois componentes.

O primeiro seriam nossas características desejáveis: inteligência, beleza, honestidade, riqueza, status, educação, religiosidade, entre outros. É um conjunto obviamente subjetivo, podendo haver três elementos para uns e dezenas para outros.

O segundo componente seriam os pesos de importância dados a cada uma das características que acreditamos ser relevantes. Por exemplo, imagine que uma mulher tenha que atribuir notas para as características "inteligência", "altura" e "beleza" e desse, respectivamente, pesos 50, 30 e 20 para cada um desses atributos. Isso indicaria, no exemplo dado, que a inteligência seria 66% mais importante do que a altura e 150% mais importante do que a beleza.

É provável que o primeiro componente (o conjunto de características) não seja tão diferente entre as pessoas — homens e mulheres se importam com mais ou menos as mesmas coisas. É o segundo componente, os pesos, que captura a singularidade das preferências românticas. Ou seja, tanto César Lattes, um dos mais famosos físicos brasileiros, como Ronaldo, um dos mais famosos ex-jogadores de futebol, se importariam com a beleza e a inteligência de suas parceiras, mas em medidas provavelmente diferentes.

Veja que essa descrição teórica da decisão de com quem se casar é em geral o suficiente para dar conta de qualquer tipo de preferência, até mesmo do que, ao menos "da boca para fora", seriam extremos no espectro de prioridades: de um lado, aquelas preferências rasas e superficiais que podem ser apreendidas em um primeiro contato visual; de outro, aquelas mais profundas, ligadas a traços mais intelectuais e aspectos da personalidade, bem como atitudes com relação a inúmeras coisas (se gosta de animais, visão política etc.), que demandam mais interação e convivência para serem assimiladas.

Munidos desses objetos — um grupo de características desejáveis e um peso para cada característica —, teríamos agora uma tarefa simples pela frente, a de avaliar os que estão disponíveis em nosso conjunto factível de parceiros. Você faria isso como se atribuísse uma nota de 0 a 10 para cada pessoa e cada traço dentro do seu conjunto de características. Computaríamos então a nota global de cada parceiro em potencial. Essa nota global nada mais seria do que uma média das notas dadas a cada traço que nos é relevante analisadas por seus respectivos pesos.

Computar uma nota para cada indivíduo é apenas parte da decisão de com quem se casar. Sempre que surge um parceiro em potencial, nosso problema seria então o seguinte: devo formar um par com essa pessoa ou continuo procurando outra melhor? A questão é mais complicada do que parece e é envolta em riscos. A opção de rejeitar o pretendente e encarar uma nova busca tem custos materiais (é preciso frequentar lugares onde estarão possíveis parceiros) e psicológicos (algum grau de solidão) e pode não necessariamente trazer alguém melhor do que os rejeitados anteriormente.

Uma regra aproximada de como resolvemos quando é o momento de parar de procurar pode ser a que leva em consideração duas coisas. De um lado, a distância entre a nota do par atual e a nota do par ideal — uma idealização que serve de referência com a qual avaliamos os potenciais parceiros que surgem. De outro, os custos e riscos de continuar buscando. É claro que os custos de continuar não são os mesmos para homens e mulheres. Para começo de conversa, os ciclos de fecundidade são bastante diferentes entre homens e mulheres. A pressão do relógio biológico pode por si só explicar por que as mulheres se casam, em geral, mais cedo do que os homens.

Mas casar-se muito cedo, ao menos recentemente, pode ser custoso para as mulheres, que hoje estão em busca de níveis avançados de escolaridade (graduação e pós-graduação) e da consolidação de uma carreira profissional. Assim, tem sido uma tendência comum em países industrializados o aumento da idade média em que as mulheres estabelecem uma união. Como resultado, criou-se um fenômeno interessante: o surgimento de *toy boys*, homens-brinquedo. Pode soar pejorativo, mas a expressão se refere apenas ao fato de que nunca foi tão comum encontrar mulheres casadas com homens mais jovens. Um estudo do Departamento Nacional de Estatísticas do Reino Unido de 2003 já mostrava, por exemplo, que a proporção de mulheres se casando com homens mais jovens tinha aumentado de 15% nos anos 1960 para 26% no fim dos anos 1990.

O mecanismo por trás desse fenômeno tem certa ligação com o fato de que homens mais velhos bem-sucedidos (com quem as mulheres com elevada escolaridade e empregos bem remunerados gostariam de se casar) preferem se relacionar com mulheres mais jovens — o que pode ser visto como uma espécie de troca de status material por juventude. Mulheres bem-sucedidas acabam fazendo o mesmo. Nos Estados Unidos, por exemplo, as uniões matrimoniais com esposas mais velhas do que seus parceiros representam 20% dos casamentos. Riqueza e atração física parecem ser elementos importantes na formação de casais.

Apesar disso, há pouco sugerindo que houve uma mudança drástica nos elementos que parecem governar as escolhas de homens e mulheres. Homens costumam se casar com mulheres mais jovens e mulheres em geral tendem a preferir homens mais velhos. A diferença média de idade entre casais é de três anos no Brasil e 2,3 anos nos Estados Unidos.* É um padrão comum

---

* Os dados brasileiros são provenientes das Estatísticas do Registro Civil de 2010. Os dados dos Estados Unidos são do Current Survey Population (CPS) de 2014, que entrevistou uma amostra de 31 075 casais heterossexuais, representativa dos cerca de 70 milhões de casais que viviam juntos no país em 2014.

a vários países, influenciado por aspectos biológicos e econômicos que mudanças tecnológicas e demográficas podem vir a alterar ao longo do tempo.

Se certa diferença de idade, por um lado, marca boa parte das uniões celebradas, há também que se pensar, por outro lado, em sua influência sobre a duração da união. É possível imaginar, por exemplo, que matrimônios entre indivíduos com grande diferença de idade possam gerar, na média, casamentos relativamente menos estáveis. E isso se dá pelas mais variadas razões: diferença de renda, que pode colocar pressão sobre a carreira do parceiro mais jovem, responsabilidades parentais de um casamento anterior, diferenças de interesse afetadas pelos estágios distintos em que se encontram no ciclo de vida etc. O divórcio, como a maioria dos comportamentos humanos, pode ter múltiplas causas. É difícil saber, por exemplo, o quanto do divórcio é explicado por si só pela diferença de idade, e o quanto do divórcio é explicado por traços de personalidade e comportamentais das pessoas que entram nesse tipo de relação com grande diferença de idade. Há evidências, contudo, de que a associação entre faixa etária distinta e divórcio não é forte. O que pode, então, estar por trás do divórcio?

DIVÓRCIO

Em sua primeira epístola para os coríntios, o apóstolo Paulo diz: "O amor tudo sofre, tudo crê, tudo espera, tudo suporta". Será? As evidências sugerem que não. As taxas de divórcio cresceram ao longo dos últimos anos em praticamente todo o mundo — mesmo onde é muito custoso, como nos países do Oriente Médio, nos quais as mulheres são tratadas como cidadãs de segunda classe e a dissolução do casamento ainda traz desonra e ostracismo social. É natural se perguntar por que as pessoas estão se divorciando.

Parte da resposta passa por entender como uma série de mudanças tecnológicas empoderou as mulheres e mudou o mercado matrimonial. A pílula anticoncepcional, que em seu surgimento, nos anos 1960, chegou a ser prescrita apenas para mulheres casadas, permitiu que a maternidade fosse separada do sexo, que as mulheres planejassem quantos filhos ter e quando, que pudessem cursar universidades e seguir carreiras. A redução das diferenças salariais entre homens e mulheres com qualificações e ocupações similares e as transformações tecnológicas de realização das tarefas de uma casa aumentaram o poder de barganha familiar das mulheres. A internet também contribuiu para isso com sua ampla oferta de sites de encontros entre pessoas divorciadas. O custo do divórcio nunca foi tão baixo.

Quando o preço de um bem cai, é normal que sua demanda aumente. Com o divórcio não foi diferente. Por exemplo, a introdução das leis unilaterais de divórcio diminuiu o custo de dissolver um contrato de casamento, pois eliminou a necessidade de que um dos parceiros tenha feito algo de errado para que a Justiça conceda sua dissolução.

Nos Estados Unidos, por exemplo, essas leis explicam uma parte considerável (cerca de 17%) do aumento da taxa de separações nos trinta anos seguintes ao seu surgimento. No longo prazo, entretanto, a redução no custo de divórcio pode até frear a propensão dos casais a se divorciar, pois isso vai depender de qual o papel dominante do contrato de casamento — dentre as três teorias que exploramos no começo: seguir a norma, sinalizar amor verdadeiro ou impor um mecanismo de comprometimento.

Se o papel dominante do contrato de casamento é ser um mecanismo de comprometimento, a mudança nos custos de divórcio influencia os incentivos para se separar. Por si só, isso tende a contribuir para que casais que não tenham tanta sintonia desistam ou posterguem a decisão de se casar. A mudança nas leis de divórcio tem efeitos de seleção: apenas os casais de mais alta qualidade (entendida aqui como maior similaridade em várias dimensões) permanecem interessados em se casar. Juntos, esses dois movimentos costumam produzir uma redução na taxa de divórcio ao longo do tempo. É exatamente o que tem sido observado ao longo dos últimos 25 anos em várias partes do mundo.

Fenômenos sociais quase sempre têm uma variedade de fatores explicativos. Não chega a ser tão surpreendente que todas essas mudanças legais, econômicas e sociais que promovem maior independência das mulheres estejam por trás das transformações no mercado matrimonial em geral e no aumento de divórcios ao longo dos últimos cinquenta anos. Mas essas explicações carecem de vários insights sobre as razões individuais que levam alguém — quando a decisão é unilateral — a decidir pela dissolução do casamento. Apresentamos anteriormente uma espécie de teoria que descreve o processo de busca e casamento (*matching*), que diz, em essência, que calculamos uma nota subjetiva para cada parceiro potencial e que escolhemos quem acreditamos ter a maior nota possível. Vamos então usar a mesma teoria para, de uma forma igualmente simples, explicar a decisão individual de divórcio.

Falamos que, quando cessamos nossa busca e decidimos escolher alguém para casar ou namorar, isso significa que a nota da pessoa escolhida foi a maior possível dentro dos potenciais parceiros existentes. No jargão econômico, dizemos que houve uma maximização restrita: fez-se o melhor possível com as opções que estavam disponíveis. Faz todo sentido.

É natural imaginar que, mesmo depois da nossa decisão de escolha, nada garante que essa nota se mantenha ao longo do tempo. Na verdade, é provável que mude. E por no mínimo uma das duas razões seguintes.

Efeito aprendizado: aprendemos mais sobre a outra pessoa, o que nos leva a aperfeiçoar a nota subjetiva que damos a cada traço que acreditamos ser relevante. Por mais que convivamos com alguém, sempre aprendemos algo, e a partir desse entendimento vamos atualizando a nota subjetiva de nosso parceiro.

Efeito preferência: com o tempo, é natural que nossas preferências se alterem porque aprendemos mais sobre nós mesmos ou porque somos influenciados pelo meio (lugar e grupos sociais com os quais interagimos).

Dentro de nossa teoria, essa mudança dá a entender que o conjunto de características que valorizamos se modificará (vamos adicionar ou remover fatores que sejam ou não importantes, segundo a nossa concepção) ou que os pesos que damos às características sofrerão ajustes. Há ainda a possibilidade de a outra pessoa simplesmente mudar, e isso alteraria as notas.

O resultado é óbvio: a nota global que atribuímos ao nosso par provavelmente mudará com o tempo. E daí? É razoável postular que cada um de nós teria uma banda de tolerância às variações negativas dessa nota em relação à inicial que atribuímos ao outro no momento em que decidimos nos casar. A decisão de divórcio nada mais seria então do que uma resposta a uma piora sensível na avaliação subjetiva que fazemos do outro.

É como se a pessoa com quem nos casamos, no momento do casamento, passasse a ser nosso par ideal. Mas essa idealização que serve de referência nunca deixa de ser reavaliada. A decisão individual da separação, quando surge, seria relativamente simples de entender: o outro ficou muito mais distante do que costumava estar — em piores termos — do que seria subjetivamente aceitável para o parceiro. Isso pode acontecer porque nosso parceiro mudou ou porque mudamos nossas preferências (e alteramos também o que em dado momento seria um parceiro ideal). A figura abaixo ilustra essa decisão.

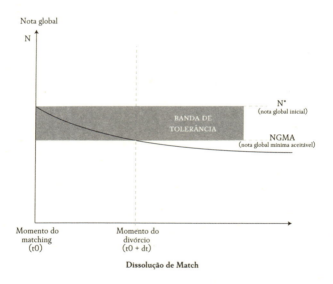

Dissolução de Match

Uma das implicações mais óbvias dessa teoria sobre casamento e divórcio é que a taxa de dissolução de casamentos seria relativamente mais alta em subgrupos demográficos que passaram por eventos que podem provocar um choque de preferências, como desemprego ou troca de emprego, mudança de cidade e problemas de saúde.

Não é exatamente fácil obter dados para fazer esses testes, mas há certas evidências. Um estudo recente observou o que acontece com a probabilidade de divórcio entre casais nos quais o parceiro foi demitido. O efeito varia conforme a razão da demissão. As dispensas causadas por fechamento de fábricas ou por acidentes de trabalho não surtiram efeito significativo sobre a probabilidade de separação, mas isso não aconteceu quando as demissões foram por justa causa. A demissão comunica algo novo sobre o parceiro, algo provavelmente negativo. A nota é então atualizada, ficando mais baixa do que seria o valor mínimo aceitável, produzindo uma decisão de divórcio.

Para quem enfrenta a dissolução de um casamento, nem tudo são espinhos. Estudos mostram que tanto homens como mulheres, depois de um período de adaptação, experimentarão ganhos de bem-estar e felicidade como produto das mudanças. Por exemplo, comer melhor, exercitar-se mais, emagrecer. Como diz o velho ditado, não há mal nem bem que dure para sempre.

Em nossas escolhas românticas, tanto quanto em quaisquer outras decisões importantes que tomamos no decorrer da vida, haverá sempre um custo a encarar. Nem tanto os custos pecuniários, mas as trajetórias de vida que estão implicitamente sendo escolhidas junto com essas decisões. Casamento envolve definir não apenas o tipo de bem-estar material da vida conjunta e o tamanho da família que será criada, é também uma escolha com enormes implicações sobre nosso bem-estar físico e emocional. Há quem diga que o preço do amor é o amor — numa alusão à lei da reciprocidade de que para ter amor basta dar amor. Seja qual for o preço, provavelmente não é baixo. Nem deve ser. Afinal, o casamento pode ser visto como um barco em águas turbulentas: se for barato e ruim, afundará; se for mais caro e melhor, terá mais chances de navegar e alcançar um lugar seguro.

3. Boas intenções não bastam

> *Jean Chera, o 'Messi do Mato Grosso', se perdeu. Ele e o pai não souberam administrar todo o talento do meia quando era menino. E, aos dezoito anos, acumula decepções e demissões como um veterano. Já foi dispensado de Genoa, Flamengo, Atlético Paranaense e Cruzeiro.*
>
> Cosme Rímoli, jornalista e comentarista esportivo brasileiro

Era uma vez um país onde havia determinada doença que afetava as crianças. De todas as doenças, essa era a mais mortal. Surgiu então um brilhante inventor, um cientista, que desenvolveu uma cura parcial para essa doença tão grave. Não era perfeita. Muitas crianças ainda morriam, mas certamente a situação atual era muito melhor do que a anterior. Uma das vantagens era que o tratamento era gratuito. O lado ruim, no entanto, é que o tratamento não podia ser usado em recém-nascidos nem em bebês de até um ano.

Ciente dessa deficiência, outro cientista descobriu uma segunda cura para a doença. A vantagem do novo tratamento é que podia ser utilizado em bebês de todas as idades, inclusive recém-nascidos. A desvantagem: era extremamente caro e complicado. Como o segundo tratamento era dispendioso, muitos pais passaram a fazer uso dele apenas nas crianças de até um ano e, nas maiores, passavam a fazer uso do tratamento gratuito e mais simples.

Isso funcionou por um período. Até um garoto de dois anos morrer da doença. Então sua mãe pensou: "Até meu filho fazer um ano, eu fazia uso do tratamento caro, depois passei a fazer do gratuito. Se eu tivesse continuado com o tratamento mais caro, provavelmente ele estaria vivo". A mãe, portanto, concluiu que a coisa errada a se fazer aos dois anos era trocar de tratamento.

O governo, ouvindo aquela história e a de outras pessoas, teve que tomar providências e decretou uma lei para proibir o tratamento simples e gratuito. E as coisas seguiram dessa maneira, relativamente bem por certo período. Mas, depois de um tempo, um pai, que era economista, resolveu analisar alguns dados para verificar quão melhor o tratamento caro de fato era. Ele não entendia nada de medicina, mas entendia de dados. Para sua surpresa, não encontrou resultados que comprovassem a hipótese de que o tratamento caro era o mais efetivo, pelo menos para as crianças acima de dois anos.

Feita essa descoberta, ele sugeriu que se utilizasse apenas o tratamento gratuito, pois seria uma economia de 300 milhões de dólares ao ano. Os demais pais, ouvindo aquela descoberta, pensaram: "Como algo barato e simples pode ser melhor do que algo caro e complicado? Não vou colocar meu filho em risco". E rejeitaram a proposta do economista.

Infelizmente, a história contada não é um conto de fadas. E a doença é bem conhecida: acidentes de carro. O tratamento gratuito era o cinto de segurança, e a cadeirinha de bebê era o que custava 300 milhões de dólares ao ano aos pais americanos.

O pai que fez esse estudo foi Steven Levitt, economista e ph.D. pelo Massachusetts Institute of Technology (MIT) e coautor do livro *Freakonomics*. Essa história foi contada em um TED Talk em 2005 por Levitt, que fez brilhantemente a comparação entre doença e acidentes de carro para chamar a atenção para a sua pesquisa. Em sua pesquisa, Levitt deixou uma coisa clara: embora pareça que a cadeirinha de bebê seja muito mais eficiente, não é isso que se vê ao verificar os dados. Ele analisou os dados de acidentes de carro com crianças de dois a seis anos nos Estados Unidos desde 1975, que revelaram que, de todos os acidentes analisados, em 29,3% ocorreram fatalidades quando as crianças não utilizavam nenhuma proteção. Para crianças utilizando a cadeirinha, a porcentagem era de 18,2%. E, para crianças que estavam utilizando cinto de segurança, 19,4% sofreram fatalidades.

Essa pequena diferença é uma forte evidência de que, estatisticamente, esses valores poderiam ser iguais. Poderia não haver diferença significativa entre os métodos utilizados. Mas Levitt foi adiante. Utilizou algumas técnicas para ajustar esses dados, comparando apenas acidentes com características semelhantes, como pessoas da mesma idade e tipo de colisão. Ao fazer esse controle, ele verificou que não havia diferença entre utilizar a cadeirinha e usar o cinto de segurança. A ideia de que uma cadeirinha poderia salvar a vida de uma criança era intuitivamente verdade, mas os dados (e sempre são eles que contam a verdade!) diziam que não havia diferença. Levitt também destacou que, ao analisar o impacto de batidas laterais — e a maioria das batidas são laterais, e não frontais como imaginaríamos —, verifica-se que o cinto de segurança chega a ter um desempenho melhor do que o da cadeirinha.

Essa breve história nos ensina como nossa intuição e as impressões estéticas podem nos trair. As cadeirinhas de bebês não eram mais seguras do que os cintos de segurança. A boa intenção dos pais não resolveu os problemas dos bebês. Nossa história era sobre cadeirinha de bebê versus cinto de segurança, mas com certeza há diversos outros casos na educação dos filhos em que os pais acabam prejudicando os filhos mesmo quando possuem boas intenções.

JEAN CHERA, O MENINO QUE DECEPCIONOU

Jean Carlos Chera tinha nove anos quando ganhou fama nacional graças a um vídeo em que aparecia mostrando sua habilidade com a bola. Era unânime: ele tinha uma desenvoltura acima da média. O vídeo no YouTube em que aparecia fazendo coisas sobrenaturais com a bola ganhou o país.* Depois do vídeo, Jean foi para a televisão demonstrar o que era capaz de fazer com a bola. Até que, em 2005, com apenas dez anos, foi contratado pelo Santos. O menino do interior ia treinar no mesmo gramado por onde haviam passado Pelé, Robinho e outros. O coro era um só: estavam diante de um novo fenômeno, o novo substituto de Ganso, Neymar.

Chamando a atenção também no meio do futebol, em 2007, então com doze anos, assinou um contrato de patrocínio com a Umbro, sendo o atleta mais jovem no mundo a ser patrocinado pela empresa britânica. Pouco tempo depois, em 2010, com seus quinze anos de idade, seu salário já era de 30 mil reais.

O jovem garoto que ainda frequentava a escola tinha interessados no mundo todo. Clubes da Inglaterra, Itália e Espanha sonhavam com o garoto da Vila. Com tamanha notoriedade, era comum repórteres fazerem fila na Vila Belmiro para entrevistar o garoto de apenas quinze anos.

O assédio era demais! Até que começou a se tornar um problema. Pessoas que viram o seu desenvolvimento relatam que a

---

* Um dos vídeos pode ser encontrado em <https://www.youtube.com/watch?v=n6-GZDmhtfg>. Acesso em: 8 ago. 2017.

badalação acima do normal deve ter feito muito mal ao menino. Aos poucos, deixou de ser um jogador participativo, limitando-se a querer a bola nos pés.

Acreditando que já era um craque, seu rendimento começou a ficar abaixo do exigido. Jean passou a ser facilmente anulado por outros jogadores, devido à sua falta de preparo físico. A situação logo começou a chamar a atenção da direção do clube. Seu futebol ia caindo à medida que subia de categoria.

Já sem o futebol que tinha chamado a atenção da direção técnica, foi para a reserva ao chegar ao sub-17 do Santos. Seu pai e também empresário, Celso Chera, quando viu Jean no banco, teria ficado revoltado e tirado o filho de uma partida. Os conflitos de Celso com os técnicos eram frequentes. Era claro que o pai estava mais atrapalhando do que ajudando Jean em sua carreira. Os treinadores alegavam que o menino prodígio deixava de obedecer quando via o pai, que parava de correr e exigia a bola no pé.

Na hora de acertar o primeiro contrato profissional, já em 2011, Celso Chera pediu salários de 70 mil no primeiro ano, 90 mil no segundo e 120 mil reais no terceiro, mais luvas de 1 milhão. Para a cúpula do Santos, esse valor era absurdo!

Não houve uma nova conversa. O jogador simplesmente anunciou pelo Twitter que não fazia mais parte do elenco santista. Em 25 de março de 2011, Chera deixou o clube sem nunca ter disputado nenhuma partida oficial pelo clube. O motivo? Segundo Jean, a diretoria da base não o valorizava. Segundo a equipe técnica, o seu futebol não convencia mais.

Poucos meses depois de deixar o Peixe, Jean assinou um contrato de três anos com o Genoa, da Itália. Também acabou não disputando nenhuma partida e rescindiu o contrato. Para alguns o motivo foi burocrático e a falta de passaporte europeu. Para outros, foi simplesmente não ter conseguido convencer os dirigentes de seu futebol.

Após rescindir com o Genoa, Jean voltou para o Brasil e foi oferecido ao Corinthians e ao Palmeiras. Também negaram o garoto! Conseguiu uma chance no Flamengo, só que os mesmos problemas vieram à tona: fraco preparo físico, pouca adaptação ao futebol moderno, não se dar ao trabalho de marcar. Após onze meses no clube, dos quais cinco sem ser relacionado para jogos nos juniores, foi novamente dispensado.

Percebendo que talvez estivesse atrapalhando a carreira do filho, Celso finalmente resolveu envolver um empresário poderoso. Levou o filho para Juan Figer, empresário de Maradona, Sócrates, Careca, Denílson e outros grandes nomes.

O uruguaio tentou colocar Chera no São Paulo. Só que sua fama o precedia, e a direção não quis o garoto. Ele acabou indo para o Atlético Paranaense. Deveria jogar na equipe sub-23, mas não mostrou futebol à altura. Acabou rebaixado para a sub-17. Mesmo assim, foi outra vez muito mal. Novamente dispensado.

Em setembro de 2014 foi para o Cruzeiro. E de graça! Teria um contrato de cinco meses para ser observado. Outra vez, nova decepção, velhos motivos: falta de participação tática e preparo físico ruim.

Essa é a triste e decepcionante situação de Jean Chera, hoje com 22 anos. Se um dia o menino do Mato Grosso tinha sido comparado a Lionel Messi, poucos anos depois não tinha mais espaço no mundo do futebol em um clube relevante. Pessoas próximas a Jean dizem que a superproteção do pai acabou por deixá-lo mimado e atrapalhou-o em um período crítico, o de formação de jogador profissional.

"Eu tinha certeza de que o Jean iria arrebentar. Ele sempre foi muito talentoso na base", declara Neymar. Mas o problema foi na transição, da base para o profissional. Foi onde Jean e o pai, Celso, infelizmente, se perderam.

Em julho de 2016, Jean Chera anunciou que tinha desistido do futebol. Vendeu tudo o que tinha e foi morar com a namorada na cidade de Vera, no Mato Grosso. Em junho de 2017, quando este livro ainda estava sendo escrito, Jean Chera anunciou em sua conta no Instagram que voltaria a jogar futebol. Ele assinou contrato com o Sinop, time do Mato Grosso. Com tantos altos e baixos é impossível prever o que será de seu futuro.*

Qualquer um que conheça o pai de Jean Chera não duvida de seu amor pelo filho. Ele o acompanhava todos os dias, desde os primeiros contatos do menino com a bola. Porém, apesar do amor, Celso acabou sendo impulsivo e atrapalhando o que poderia ser uma carreira brilhante. Nesse caso, diferentemente dos pais que usam a cadeirinha de bebê pensando que estão protegendo os filhos, mas, na verdade, não estão fazendo diferença, Celso é apontado como o pivô dos fracassos do filho. Infelizmente, histórias como essa não são raras. Pais com ótimas intenções que acabam prejudicando os filhos.

Muitos desses comportamentos paternais que afetam os filhos acontecem na chamada primeira infância. Economistas são conhecidos por falar de taxas de juros, inflação e outros temas financeiros. Mas há toda uma área explorada por nós que é menos conhecida. Essa área de estudo, conhecida como *parenting*, que em português pode ser entendida como "educação parental", atinge tanto os pais como os grupos de economistas, psicólogos e especialistas em educação.

---

* A matéria completa pode ser encontrada em <http://esportes.r7.com/blogs/cosme-rimoli/jean-chera-o-messi-do-mato-grosso-se-perdeu-ele-e-o-pai--nao-souberam-administrar-todo-o-talento-do-meia-quando-era-menino--e-aos-18-anos-acumula-decepcoes-e-demissoes-como-um-veterano-ja-foi--di-04012014/>. Acesso em: 7 jul. 2017.

Os especialistas em *parenting* tentam responder a perguntas como: qual é o papel de nossas punições na educação dos filhos? As punições são mais efetivas do que as recompensas? Nossa vida profissional tem impacto na criação de nossos filhos? Seria melhor abdicar de um salário maior para passar mais tempo com as crianças? Mas, diferentemente dos políticos que fizeram uma lei para a obrigatoriedade da cadeirinha de bebê sem evidências nos fatos reais, os especialistas em educação parental recorrem a profundas pesquisas.

Um grupo de psicólogos da Universidade Harvard e da Universidade da Califórnia analisou como a experiência das crianças durante os primeiros cinco anos de vida (positivas e negativas) poderia causar impactos futuros. Haveria sequelas com uma primeira infância que deixasse a desejar? Descobriu-se que crianças que tiveram bons cuidados e maior presença dos pais na primeira infância apresentaram, ao longo da vida, melhor desenvoltura verbal do que aquelas que não tiveram. A maior presença dos pais fez dos filhos melhores comunicadores.

No entanto, os efeitos da primeira infância vão além disso. Descobriu-se que a satisfação materna durante esse período também tinha influência na formação das mais diversas habilidades dos filhos. Quanto mais satisfeita a mãe era na primeira infância, melhor os filhos se relacionavam e conseguiam se expressar. A justificativa é a de que mães mais satisfeitas são, em geral, mais sensíveis e compreensivas com os filhos, o que aumenta a conexão entre eles. Outro mecanismo é a qualidade da interação durante as atividades nas quais a mãe se envolve com a criança. O efeito do bem-estar da mãe sobre as habilidades das crianças é incrivelmente alto se comparado a outros fatores.

Muitas mulheres têm dificuldade de conseguir emprego quando estão em idades próximas da gravidez ou assim que tiveram filhos. Com esse problema em questão, o governo americano criou um programa para incentivar a contratação de mulheres que acabaram de se tornar mães. Herbst e Tekin, ao analisarem o programa, descobriram que de fato ele possuía diversos efeitos positivos na empregabilidade. As mães que aderiram a essa política puderam se recolocar de maneira mais rápida no mercado de trabalho e prover uma condição melhor para os filhos. Mas essa é apenas metade da história.

Quando começavam a voltar ao trabalho logo depois de dar à luz, as mães apresentavam níveis mais altos de ansiedade, depressão e estresse. Se por um lado melhores condições financeiras possibilitaram melhores condições para os filhos, os sintomas da ansiedade e do estresse implicaram uma significativa piora na relação entre pais e filhos. Diversas mães que pensaram que teriam mais recursos financeiros para uma educação de melhor qualidade para os filhos não levaram em conta o fato de que a vida profissional atribulada traria efeitos negativos. Em muitos casos, esses efeitos chegariam a superar os benefícios.

Mais do que isso, será que maior renda significa sempre filhos mais bem-sucedidos?

FILHOS DE FAMÍLIAS MAIS RICAS SE DEDICAM MAIS AOS ESTUDOS?

Lucas tem quinze anos e mora com a avó, pois a mãe perdeu a guarda do filho. Extremamente pobre, Lucas não gosta de ir à escola. Suas notas são muito baixas e ele já repetiu de ano duas vezes. Marina mora nos Jardins, bairro nobre de São Paulo, e estuda no colégio Rio Branco, um dos mais tradicionais da cidade. Hoje com dezesseis anos, sempre foi uma das melhores alunas da sala. O que explicaria essa diferença entre o desempenho de Lucas e o de Marina?

Estudos mostram que a opção dos alunos por se dedicar mais aos estudos está fortemente relacionada com a renda familiar. Para compreendermos a questão, temos que refletir sobre dois conceitos: correlação e causalidade. Vejamos o seguinte exemplo: vinhos e criminalidade.

Ao analisarmos o consumo de vinho e a criminalidade por país, vemos que em lugares onde há mais consumo de vinho, há, em média, menos homicídios. Algum governante a fim de reduzir a criminalidade poderia sugerir como política pública subsidiar o consumo de vinho para combater o crime. Mas a lógica nos diz que essa política não parece ser eficaz. Por quê?

Vamos pensar em três possibilidades que podem fomentar esse fenômeno.

1. Maior consumo de vinho reduz as taxas de homicídio;
2. Maiores taxas de homicídio reduzem o consumo de vinho. Nesse caso, países com altas taxas de homicídio teriam, em geral, menor consumo de vinho;
3. Algum outro fator causa as duas coisas: maior consumo de vinho e menor taxa de homicídio.

Nesse exemplo simples, não há dúvida: a terceira hipótese é a que ocorre na realidade. Países mais ricos e desenvolvidos têm, em geral, menos homicídios e mais consumo de variados produtos, entre os quais o vinho. Afinal, eles são mais ricos e desenvolvidos.

Para analisarem casos como esse, os economistas utilizam a econometria, um conjunto de ferramentas estatísticas com o objetivo de entender a relação entre variáveis econômicas através da aplicação de um modelo matemático. Em nosso exemplo, vinhos e criminalidade, os métodos econométricos nos permitem concluir que a bebida não é a causa da redução dos delitos. Portanto, para não cairmos no mesmo erro de achar que subsidiar o consumo de vinho reduziria a criminalidade, é necessário sabermos se a renda é de fato a causa de filhos mais dedicados ou se há outros fatores que afetam as duas variáveis.

De que isso importa? Bom, se mais dinheiro aumenta a dedicação dos filhos na escola, então um programa de transferência de renda, como o Bolsa Família, poderia aumentar o desempenho escolar de filhos de famílias mais pobres. No entanto, para os gestores públicos, esses resultados implicam que os programas não devem se concentrar em transferências financeiras para famílias com crianças que estão em necessidade. Em vez disso, pode haver intervenções mais promissoras, como se concentrar em compensar as diferenças na motivação e na qualidade da educação dos pais.

Motivado por essa dúvida — se a renda era a causa de maior dedicação aos estudos —, o economista alemão Marcus Tamm realizou uma pesquisa buscando explicar se dinheiro "comprava" melhor desempenho escolar. Tamm analisou as notas de filhos de uma mesma família que experimentou um aumento significativo de renda.

Constatou-se que não havia diferenças relevantes no desempenho escolar entre aqueles de famílias mais abastadas e os de famílias mais humildes. Assim como no caso do vinho, esse fato era apenas uma correlação, e sua verdadeira causa era explicada por outros motivos.[*]

O que poderia então aumentar o desempenho dos alunos?

Para Tamm o que de fato afetava a dedicação dos filhos eram outras iniciativas, como aulas extras e maior acompanhamento dos professores. Essas medidas, sim, possuem efeitos significativos no desempenho dos estudantes, muito maiores do que a renda.

---

[*] Esse é apenas um dos diversos estudos sobre educação e renda. Há diversos outros que apresentam resultados diferentes, ou seja, de que mais renda significa melhor desempenho escolar. Mas isso nos mostra que a relação entre renda e desempenho escolar não é unânime.

Boas políticas públicas, portanto, devem focar em aumentar a motivação dos alunos. Dar dinheiro para a família de Lucas não aumentaria o desempenho do menino. Por outro lado, buscar um maior acompanhamento escolar e colocar aulas extras poderiam fazê-lo chegar mais perto de Marina.

PUNIR OU RECOMPENSAR?

Independentemente do esforço que famílias e professores empregam na educação das crianças, chega um momento em que os filhos tiram notas ruins. Ou chega o momento em que começam a se rebelar. Os pais então se perguntam: "Melhor punir ou incentivar?". Você pode ter tido alguma experiência pessoal em que um elogio funcionou, ou uma em que uma palavra de incentivo não tenha surtido efeito. Novamente, devemos ir além das experiências pessoais, pois pode-se tratar apenas de um caso isolado.

Um estudo realizado por pesquisadores em Taiwan mostra o papel daquilo que chamamos de reforços positivos (incentivo verbal, prêmios, recompensas financeiras) e negativos (castigos físicos, corte de mesada). Segundo a pesquisa, os reforços positivos de fato causam efeitos no desempenho escolar, mas de maneiras distintas. Incentivos maternos surtem mais efeito do que incentivos paternos. Ou seja, a mãe tem um papel mais importante no desenvolvimento escolar dos filhos.

Por outro lado, os pesquisadores mostraram que os reforços negativos têm pouco efeito ou, em alguns casos, efeito contrário na melhora do desempenho escolar. Esse estudo mostra como a participação dos pais pode ser importante no desenvolvimento escolar dos filhos e que castigos e punições muitas vezes não são eficazes.

Além de serem mais eficientes, os reforços positivos fazem com que os filhos se envolvam mais naquilo que queremos ensinar. Os exemplos vão além disso. Pense nas pessoas que vivem ao nosso redor. Todo mundo tem algum conhecido que é financeiramente consciente e aquele que parece estar sempre no vermelho. Foi justamente esse caso que atraiu a atenção do economista Rona Abramovitch. Rona buscava descobrir por que algumas pessoas se planejavam melhor financeiramente e outras pareciam estar com os gastos sempre descontrolados (independentemente do salário).

Abramovitch analisou como se comportavam as crianças que recebiam mesada desde cedo e as que não recebiam. Com isso, fez um experimento. Primeiro, deu um cartão de crédito a algumas crianças para que fizessem alguns gastos e, posteriormente, uma quantidade em dinheiro para as mesmas crianças. As que não recebiam mesada mostraram um descontrole maior quando utilizavam o cartão de crédito e acabaram gastando mais. Já as crianças que recebiam mesada não apresentaram diferença nos gastos, tanto com o cartão como com o dinheiro. Elas tinham mais aptidão para lidar com situações financeiras.

Dar ou não dar mesada parece ser uma decisão aparentemente simples, sem muitas consequências futuras. Mas essa escolha tem impactos na responsabilidade financeira dos filhos pelo resto da vida. Mais do que punir comportamentos indesejados, as experiências obtidas ainda na juventude se mostram muito eficientes para atingir resultados desejados.

FILHOS MAIS VELHOS SÃO REALMENTE MAIS RESPONSÁVEIS?

Passada a primeira infância e alguns anos de escola, é na adolescência que geralmente começam os conflitos, bem como os questionamentos dos pais sobre como educar os filhos. Devemos ser flexíveis? Ceder a algumas vontades e perder o controle dos filhos? Ou ficar em cima deles e correr o risco de tolher sua personalidade?

Pais que possuem mais de um filho têm a oportunidade de aprender com as experiências passadas, mas parece que muitas vezes elas não contribuem de maneira significativa. Filhos mais velhos e caçulas parecem se diferenciar bastante em algumas famílias. É verdade que os mais novos são mais levados, e os mais velhos, mais responsáveis?

Susan Averett se debruçou sobre a relação entre filhos mais novos e filhos mais velhos. Segundo Averett, filhos mais novos se envolvem com mais facilidade em atividades de risco do que os mais velhos. Quando comparamos as encrencas noticiadas do príncipe Harry (herdeiro mais novo do trono do Reino Unido) com o bom comportamento do príncipe William (o irmão mais velho), a diferença de personalidade entre os dois pode ser mais do que uma simples coincidência.

Há basicamente dois motivos para isso. O primeiro é que os filhos mais novos tendem a imitar o comportamento dos irmãos mais velhos. Como há uma diferença de idade, ao imitarem o irmão mais velho, os caçulas se iniciam mais cedo em diversas atividades. O segundo está relacionado à experiência dos pais na educação, pois já não são marinheiros de primeira viagem. Os pais tendem a supervisionar mais o filho que nasce primeiro, pois ainda não "sabem" como é ser pai e têm medos que só vão ser superados nos filhos seguintes. O que era novidade com o primeiro filho passa a ser rotina com os demais. Em famílias com mais de um filho, os mais velhos são mais supervisionados do que os mais novos, e essa supervisão também está associada a menor envolvimento em pequenos delitos, menor uso de substâncias ilícitas, entre outros.

Engana-se, porém, quem pensa que mais supervisão leva a um "melhor" comportamento dos filhos. Há um senso comum de que mais monitoramento dos pais implica melhor comportamento dos filhos. Mais uma vez, é preciso ter cautela ao tirar essas conclusões, pois "mais" nem sempre significa "melhor". Os graus de rigidez e supervisão também são importantes.

Håkan Stattin e Margaret Kerr, pesquisadores suecos reconhecidos internacionalmente pelos trabalhos sobre desenvolvimento infantil, fazem uma releitura do acompanhamento paternal. Eles discordam da visão de que mais monitoramento significa melhor comportamento. Para eles, o melhor comportamento se deve muito mais ao fato de haver um bom diálogo entre pais e filhos do que simplesmente o monitoramento e a vigilância. É novamente como no caso do vinho versus criminalidade. Nesse caso, é o fator "diálogo" que induz a um melhor comportamento dos filhos.

Podemos tirar algumas lições disso. A relação entre dinheiro e dedicação aos estudos não é clara. Tampouco é certo que retornar ao trabalho é sinônimo de melhor educação materna. Pelo contrário, há muitos custos nisso. Ou seja, são temas que exigem uma análise de custo e benefício. Porém, em praticamente todos os estudos, vemos a importância da participação efetiva dos pais na educação dos filhos. Com envolvimento diário, que deve começar desde a primeira infância, pode-se obter melhor desenvoltura verbal, maior integração social, melhor desempenho escolar, além de outros benefícios.

Mais do que esses casos específicos, a grande lição é que, sempre que possível, devemos observar as evidências empíricas e nossas intuições. Na vida particular, é razoável tomarmos decisões baseadas na intuição, mas formuladores de políticas públicas não podem se dar a esse luxo.

4. Os paradoxos da felicidade

*A nossa felicidade depende mais do que temos na cabeça
do que nos bolsos.*

Arthur Schopenhauer

Stephen Ridley é um jovem de classe média alta, estudou em uma universidade de ponta no Reino Unido e se formou em filosofia, política e economia em 2010. Logo em seguida, foi trabalhar na área de investimento de um grande banco europeu. Considerada a área de mais alto nível dos bancos e de onde sai a maior parte dos lucros, o banco de investimento é responsável por auxiliar grandes empresas em suas fusões e aquisições, abertura de capital, entre outros serviços que sempre envolvem quantias milionárias em suas transações.

Apesar de todo o glamour, o trabalho durou pouco. Para ser mais exato, até 2011. Extremamente frustrado, Ridley resolveu compartilhar a experiência de ter deixado os sonhos de lado para ir atrás apenas do dinheiro.

Para Ridley, o *banking* — termo que denomina a área de banco de investimento — era brutal. Ele percebeu isso logo depois de sair do estágio, mas não se importou. Queria respeito. Queria ser alguém aos olhos dos outros. Acima de tudo, queria dinheiro. Por quê? Porque, segundo ele e muitos de seus colegas de profissão, dinheiro é sinônimo de liberdade. Dinheiro significa poder usar o que quiser, viver onde quiser, ir aonde quiser, ser o que quiser. O dinheiro o faria feliz, certo?

Bem, não exatamente. Na verdade, dinheiro não parece fazer os banqueiros felizes, segundo Ridley relata. Nenhuma das quase duzentas pessoas que ele tinha conhecido no banco de investimento estava feliz, embora todas fossem muito ricas. A realidade nos bancos de investimento era extenuante. Como seus pares, ele trabalhava sem parar. A vida se resumia a e-mails, Excel, PowerPoint, encontros, projetos intermináveis, edições, rascunhos, reuniões, mais trabalho, tédio, cansaço, tédio, mais trabalho, depressão, cansaço, cansaço, cansaço... Quinze horas por dia eram o mínimo, dezesseis, dezessete horas eram o habitual, mais de vinte eram frequentes. Uma ou duas vezes por mês, não havia noite de sono. Ridley nunca estava livre, vivia com o seu Blackberry, e, portanto, nunca podia se desconectar de verdade do trabalho.

Pessoalmente, Ridley não achava interessante o que fazia, o que o deixava igual a outros 95% de seus colegas. Como ele alega, um analista de banco de investimento não está jogando golfe com os CEOs, falando sobre estratégia nem dirigindo seu Porsche até em casa para almoçar com a família. Não! Um analista fica sentado na frente do computador em 99% do tempo. Chega a ficar semanas sem ver a luz do sol. Está fora de forma, tem a pele ruim, vive cansado pelo excesso de trabalho e por ter que enfrentar mais um jantar no escritório antes de chamar um táxi entre uma e quatro da manhã. Em alguns raros momentos, o analista sai engravatado para encontrar um cliente. Mas não é um bate-papo divertido, agradável, com uma pessoa interessante. A conversa é sobre finanças com algum outro analista deprimido de algum escritório corporativo.

Depois de certo tempo na área, Ridley passou a ficar espantado de como as pessoas dos bancos de investimento viviam de maneira medíocre, apesar de todo o ambiente luxuoso que as rodeava. Eram pessoas tristes da classe alta, com vida e perspectivas desinteressantes. Um bando de nerds que tinham sido pegos em uma gaiola feita de dinheiro, sonhos e ganância. A vida tinha que ser mais do que isso! Ele queria ser uma pessoa com brilho, paixão, feliz, aproveitar a vida em seu limite.

Estava decidido a mudar sua trajetória. Primeiro, começou a fazer entrevistas para outros empregos. Analista de fundos de hedge, analista de private equity, wealth manager e outras posições que possuíam nomes charmosos. Mas tudo lhe parecia chato, eram vagas que envolviam longas horas de trabalho em uma mesa. Nenhuma das oportunidades tinha acendido a chama — aquela que um dia tivera, até ser esmagada pelo banco.

Então começou a buscar emprego fora do mercado financeiro: fusões e aquisições, finanças, planejamento financeiro. Mais uma vez, recebeu ofertas e não se entusiasmou. Não queria ser um drone de terno e gravata.

Em certo momento, Ridley chegou ao limite. Depois de mais uma entrevista desanimadora, voltou para o escritório e foi diretamente falar com o chefe. Disse-lhe de forma respeitosa que estava se demitindo. Em menos de vinte minutos, encontrava-se do lado de fora do luxuoso prédio. Adeus, Blackberry, adeus, segurança, adeus, bancos de investimento. O sol nunca tinha brilhado tanto, o ar nunca tinha se provado tão doce, ele nunca tinha se sentido tão leve quanto naquele momento.

Com a liberdade nas mãos, decidiu ir com um amigo a um centro comercial, onde viu um piano em uma loja de roupas masculinas. E era exatamente disto que precisava: tocar um pouco e descontrair. Nem sequer pediu permissão, apenas se sentou e começou a deslizar os dedos pelas teclas. Um homem rapidamente se aproximou, fez um elogio e perguntou o que ele fazia. Respondeu que era músico. O homem perguntou quanto custava seu show. Ridley, pego de surpresa, disse que custava cem libras por duas horas. De uma hora para outra, Ridley tinha sido contratado cinco dias por semana. Acabara de se tornar músico.

Após algumas semanas, percebeu que não queria ser músico de fundo de loja. Queria estar no centro das atenções, entreter o mundo. Então, colocou um piano em uma das ruas mais movimentadas de Londres e começou a tocar. Em um mês, já tinha nove ofertas de contrato e começava a gravar o primeiro álbum.

Já se passaram alguns meses. Hoje, Ridley viaja pelo mundo, tem um álbum no iTunes chamado *Butterfly in a Hurricane* e toca para dezenas de milhares de pessoas. Ele costumava fazer algo que odiava, o dia todo, todos os dias. E se odiava por isso. Em seu relato, diz que era péssima companhia e que ninguém realmente gostava dele. Mas agora fazia algo que amava, e, ao redor dele, as pessoas ficavam felizes.

Certo, ele agora não pode comprar um terno Prada, mas fica ansioso para acordar no dia seguinte. Tem aula de canto na parte da manhã e vai se reunir com a Coca-Cola para conversar sobre estrelar um anúncio. O futuro é imprevisível (o que diz adorar), mas sabe que vai ficar bem, porque desta vez é ele quem está no controle. "Passei 23 anos no desenvolvimento do meu cérebro, e agora eu o estou usando. Nunca estive tão feliz..."

O revolucionário pianista britânico Stephen Ridley.

Essa é a história real de Stephen Ridley, que mostra a busca incessante pela felicidade. Primeiro, Ridley achou que ela consistia em ser rico, trabalhando para um banco de investimento. Depois, acreditou que apenas mudar de trabalho seria o suficiente. Até que se deu conta de que sua vontade era viver da música.

Esse exemplo mostra que descobrir o que nos faz felizes não é tarefa simples. Por isso, para entender essa questão, economistas, filósofos e psicólogos buscam estudar as causas da felicidade. Dinheiro traz ou não felicidade? Solteiros são mais felizes? Pessoas em ambientes inseguros se sentem mais insatisfeitas? Por que diversos países pobres são mais felizes que alguns países ricos?

Todo mundo conhece aquela pessoa bem-sucedida, com um bom cargo, o carro do ano, que viaja para diversos países, mas que é infeliz. Da mesma forma, todo mundo conhece alguém de origem humilde, sem grandes patrimônios, de hábitos simples, mas que esbanja felicidade e alegria em seu dia a dia. Parece que a relação entre dinheiro e felicidade não é tão direta. Mas então por que, mesmo que muitas pessoas concordem que dinheiro não traz felicidade, continuamos associando o carro do ano, as férias no exterior e o último modelo de celular à felicidade? Mesmo que isso nos custe fins de semana e madrugadas de trabalho, por que não mudamos nossas atitudes e insistimos nessa fórmula?

Histórias como a de Ridley são bons exemplos para contextualizar situações como essas, mas não podem ser consideradas amostras suficientes para tirarmos conclusões mais rigorosas. Assim, fomos atrás do que dizem as últimas pesquisas sobre felicidade, e o que encontramos é surpreendente.

O PARADOXO DE EASTERLIN

Um dos mais famosos estudiosos da relação entre dinheiro e felicidade é o economista Richard Easterlin. Em uma pesquisa realizada em 1974, ele comparou o efeito da riqueza no bem-estar de pessoas de diferentes países. Esperava-se descobrir que, à medida que os países enriquecessem, seus cidadãos se tornariam mais felizes. Para surpresa de muitos e do próprio Easterlin, porém, esse não foi o resultado encontrado. O economista descobriu que países mais ricos não são necessariamente mais felizes do que países mais pobres. A principal conclusão do estudo é que o aumento da riqueza de um país não tem relação direta com a felicidade de sua população.

A pesquisa de Easterlin é de 1974, mas dados mais recentes já existem. O Índice de Bem-Estar Global (Global Well-Being Index), criado pela consultoria Gallup-Healthways, é um termômetro de percepção do bem-estar dos indivíduos e o mais abrangente estudo recente desse tipo. Os dados coletados em 2013, em 135 países e por meio de 133 mil entrevistas, levam em consideração cinco elementos: propósito, social, financeiro, comunidade e física.

- Propósito: sentir prazer no que faz diariamente e estar motivado para alcançar seus objetivos;
- Social: ter relacionamentos de apoio e amor;
- Financeiro: gerenciar a vida econômica para reduzir o estresse e aumentar a segurança;
- Comunidade: gostar de onde mora, sentir-se seguro e ter orgulho de sua comunidade;
- Física: ter boa saúde e energia suficiente para o dia a dia.

A tabela abaixo mostra o resultado com a lista dos países mais felizes do mundo, de acordo com o índice.

PROSPERANDO EM TRÊS OU MAIS ELEMENTOS DE BEM-ESTAR – OS DEZ MELHORES PAÍSES	
	% PROSPERANDO
Panamá	61
Costa Rica	44
Dinamarca	40
Áustria	39
Brasil	39
Uruguai	37
El Salvador	37
Suécia	36
Guatemala	34
Canadá	34

Índice de Bem-Estar Global Gallup-Healthways. Baseado em uma pesquisa conduzida em 135 países em 2013. As porcentagens foram arredondadas para o maior número inteiro.

Nota-se que o Panamá, segundo a pesquisa, é considerado o país mais feliz do mundo. Entre os panamenhos, 61% se consideram prósperos em pelos menos três dos cinco fatores citados. Na décima posição está o Canadá, com 34% de seus habitantes se considerando prósperos em pelo menos três dos cinco fatores. Essa diferença coloca o Canadá 27 pontos percentuais atrás do líder, Panamá.

Quando comparamos o PIB per capita desses dois países, o Panamá é o sexagésimo colocado, enquanto o Canadá está em vigésimo lugar. A renda per capita de países mais ricos não parece influenciar — ou tem apenas uma parcela pequena de influência — na felicidade de sua população. Esse resultado corrobora os estudos de Easterlin, no que ficou conhecido como Paradoxo de Easterlin.

Na tabela a seguir vemos os países na parte de baixo do ranking.

PROSPERANDO EM TRÊS OU MAIS ELEMENTOS DE BEM-ESTAR – OS DEZ PIORES PAÍSES)	
	% PROSPERANDO
Síria	1
Afeganistão	1
Haiti	3
República Democrática do Congo	5
Chade	5
Madagascar	6
Uganda	6
Benim	6
Croácia	7
Geórgia	7

Índice de Bem-Estar Global Gallup-Healthways. Baseado em uma pesquisa conduzida em 135 países em 2013. As porcentagens foram arredondadas para o maior número inteiro.

Síria, Afeganistão e Haiti são os países mais infelizes do mundo e ocupam a centésima, a 160ª e a 165ª posições em termos de PIB per capita, respectivamente, segundo dados do FMI. Os três países são extremamente pobres. Nesse caso, parece haver uma relação mais direta entre felicidade e riqueza dos países. Isso nos permite uma primeira conclusão: a riqueza tem uma pequena parcela de influência no aumento da felicidade de um país desde que sejam atingidas as condições mínimas de sobrevivência. É evidente que Síria e Afeganistão vivem há anos em meio a uma guerra civil e com certeza isso tem reflexos na infelicidade da população, mas também não é possível negar que, quando as pessoas estão na extrema pobreza, um pouco mais de riqueza melhoraria, e muito, seu bem-estar. Porém, após certo padrão de vida, a renda tem pouca influência em nossa felicidade.

De acordo com Easterlin, esse fenômeno contraintuitivo acontece basicamente por dois motivos. Primeiro, há o que os economistas chamam de retorno marginal decrescente. Para cada mil reais acrescentados à renda de alguém, por exemplo, a quantidade de bem-estar adicionada em nossa vida devido a esses mil reais cresce cada vez menos. Pense, por exemplo, em um morador de rua e em Bill Gates. Com certeza, mil reais fariam muito mais diferença para o morador de rua do que para o fundador da Microsoft.

O segundo motivo é a chamada adaptação. Pensemos em nossa própria vida. À medida que crescemos, galgamos degraus e adquirimos bens e nossos desejos vão evoluindo. No início, um celular nos satisfazia, em seguida foi necessário um carro. E, depois de comprarmos o carro, queremos uma casa na praia, um segundo carro, e assim por diante.

Há, no entanto, um terceiro motivo citado por Easterlin. Em seu artigo "Explaining Happiness" [Explicando a felicidade], ele argumenta que, mesmo que o aumento de riqueza traga felicidade, esse efeito é transitório e de curto prazo. Para Easterlin, há fatores que alteram a felicidade de maneira permanente e outros que a modificam apenas de maneira transitória, e o fator riqueza está nesse segundo grupo.

Cada pessoa teria um estado natural de felicidade. Há indivíduos naturalmente mais alegres e outros mais tristes. Alguns eventos diários alteram esse estado de espírito, mas apenas por um curto período de tempo. No longo prazo, esse nível de felicidade tenderia a voltar para esse estado natural, fenômeno conhecido em estatística como regressão à média. Em pesquisas feitas com pessoas que tiveram grande aumento de riqueza (um prêmio na loteria, por exemplo), constatou-se que após determinado tempo aquela nova condição financeira não mais as tornava felizes.

Mas o que altera a felicidade de maneira permanente?

ALÉM DAS CONQUISTAS MATERIAIS

Nascido na cidade de São Paulo, o administrador de empresas Alessandro Carlucci ingressou na fabricante de cosméticos Natura em 1989. Atuou na área de marketing, passou pela diretoria de vendas, pela coordenação de operações internacionais, pela vice-presidência de negócios, até assumir a presidência da empresa em 2005. Sob o seu comando, a Natura foi considerada a marca de maior reputação no Brasil. Acostumado a viajar com frequência, Carlucci se preparou para realizar uma viagem diferente em agosto de 2016.

Ao entrar no avião com destino a Nova York, Carlucci não tinha a passagem de volta. Levava consigo uma pilha de cartões de visita, dessa vez sem a identificação da empresa. Alessandro não apenas se mudou para outro país como partiu para uma nova rotina, bem diferente da que tinha como presidente da Natura por quase uma década, até agosto de 2014. Segundo ele, uma prioridade da nova fase era manter uma boa proporção de horas livres na agenda, coisa que não tinha havia tempos. Queria participar mais da vida do filho.

Carlucci não pretende ter outra posição executiva. "Quero ser dono do meu tempo de novo", afirma. Em 2016, ao completar 49 anos, assumiu a presidência do conselho de administração da Business for Social Responsibility (BSR), organização com sede em San Francisco que reúne mais de 250 empresas interessadas em discutir temas relacionados à sustentabilidade. Além disso, assumiu uma cadeira no conselho da varejista de moda Renner.

Abandonar a carreira corporativa e reduzir o ritmo de trabalho tem sido uma nova tendência para diversos executivos. O paulista Alexandre Hohagen, ex-vice-presidente do Facebook para a América Latina, também se viu diante do dilema no começo de 2014. Sua carreira estava no auge, comandava quatrocentas pessoas na operação regional do Facebook, além de ter comandado a operação do Google na América Latina. "O nível de energia que as corporações exigem é enorme, e, por muito tempo, isso fez sentido para mim", diz. Segundo ele, o equilíbrio entre vida pessoal e profissional, porém, começou a se tornar insustentável. Com três filhas, Hohagen vinha perdendo as festas de aniversário da caçula, agora com nove anos, desde 2009. A razão: a data coincide com o festival de publicidade realizado todo mês de junho em Cannes, na França.

Ridley, Carlucci, Hohagen. Três nomes que resumem uma tendência. Há um interesse cada vez maior de profissionais que querem continuar ativos, mas sem sobrecarregar a agenda. Daniel Kahneman, prêmio Nobel de Economia e um dos maiores pesquisadores sobre felicidade, argumenta que pessoas ricas se dizem satisfeitas com a sua vida, mas, devido à alta carga de trabalho, não possuem tempo disponível para atividades prazerosas no dia a dia.

A fórmula de trabalhar sessenta horas por semana, resolver algumas pendências nos fins de semana e duas vezes por ano tirar férias de quinze dias para visitar os melhores lugares do mundo está esgotada. A mudança na rotina é uma tendência na vida dos novos executivos. Eles estão compreendendo — mesmo sem acesso aos estudos sobre felicidade — que valorizar a família e o casamento e ter tempo para os filhos é o que nos faz felizes de maneira permanente.

Isso não é novidade. O que pouco se sabe, entretanto, é que, de acordo com pesquisas mais recentes, há coisas que alteram a felicidade de maneira permanente, embora possam parecer alterá-la de forma transitória. Uma delas é o sexo. Quando se pergunta qual atividade deixa as pessoas mais felizes, o sexo fica em primeiro lugar.

É fácil imaginar que pessoas extremamente ricas tenham oportunidade de atrair mais relacionamentos e, portanto, façam mais sexo. Isso seria um dos motivos pelos quais alguns estariam dispostos a trabalhar tanto. Contudo, as evidências não confirmam essa hipótese. Para o economista David Blanchflower, dinheiro compra felicidade, mas não tanto quanto se poderia imaginar. "Dinheiro não compra mais parceiros sexuais." O estudo publicado em seu artigo "Money, Sex and Happiness: An Empirical Study" [Dinheiro, sexo e felicidade: Um estudo empírico], que contou com 16 mil entrevistas nos Estados Unidos, constatou que pessoas mais ricas não necessariamente têm mais atividade sexual. Além disso, constatou-se que o número anual de parceiros sexuais que otimiza a felicidade é um. Aqueles que pagam por sexo são menos felizes e os que ganham mais dinheiro não têm mais parceiros do que os indivíduos de baixa renda — mostrando, assim, que mais dinheiro não significa mais sexo. No entanto, a descoberta mais interessante é quanta felicidade o sexo proporciona. Os economistas estimaram que aumentar a frequência com que fazemos sexo de uma vez por mês para ao menos uma vez por semana produz tanta felicidade quanto um aumento de 50 mil dólares no orçamento anual de uma pessoa.

Engana-se, porém, quem acha que quanto mais pessoas em nossa vida melhor. Blanchflower faz um alerta contra o excesso de parceiros e argumenta que o número ideal de parceiros seria um. Pessoas que traem ou mantêm mais de um relacionamento tendem a ser mais infelizes. Isso porque não é a atividade do sexo em si a fonte da felicidade, mas a possibilidade de fazer um outro indivíduo também feliz. Deixar feliz uma pessoa ao nosso redor também tem sido considerado uma das fontes de felicidade permanente.

Os casos de Ridley, Carlucci e Hohagen mostram que, muitas vezes, concentramos esforços naquilo que podemos conquistar: uma nova graduação, um carro novo, um par perfeito. No entanto, uma das causas da felicidade pode estar não em receber, mas em se doar mais. Estudos mostram uma associação entre atividades altruístas, saúde e bem-estar. O economista Martin Binder argumenta que, quando nos envolvemos em trabalhos voluntários, nos sentimos melhores, e quanto mais nos doamos a essas atividades mais elas aumentam os níveis de satisfação.

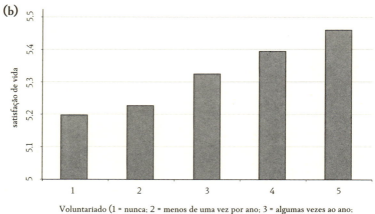

Felicidade versus Trabalho voluntário

O gráfico acima sugere que quanto maior o tempo dedicado ao voluntariado maior o índice de satisfação dos voluntários. O fato de poder reduzir a infelicidade dos outros, segundo Binder, tem o poder de aumentar nossa própria felicidade. A conclusão é que mais uma vez fatores não materiais são os que tendem a aumentar a felicidade. Certo? Mais ou menos.

O HOMEM PRECISA SER RICO, SÓ QUE MAIS RICO DO QUE OS OUTROS

Quando se trata de diferentes países, realmente não há uma relação clara entre aumento da renda e níveis de felicidade. O Canadá é mais rico, porém não parece ser mais feliz que o Panamá. No entanto, dentro de um mesmo país, os cidadãos mais ricos são mais felizes do que os mais pobres. Ou seja, nesse caso, mais riqueza pode trazer alguma felicidade à vida das pessoas.

No artigo "The Economic of Happiness" [A economia da felicidade], Carol Graham afirma que a explicação estaria no fato de que, a partir do momento em que a renda mínima para sobrevivência é atingida, a renda relativa passa a ser mais importante do que a renda absoluta. Por exemplo, a linha de extrema pobreza definida pelo Banco Mundial é 1,90 dólar por dia, ou seja, pessoas que vivem com isso ou menos em seu dia a dia. De fato, as pessoas abaixo dessa linha estão entre as mais infelizes do mundo. No entanto, quanto mais a renda aumenta, mais a posição relativa ganha importância. A mudança de status na sociedade tem grande peso na vida das pessoas. "Depois que as necessidades básicas são atendidas, outros fatores como o aumento das aspirações, as diferenças relativas de renda e a segurança do salário se tornam cada vez mais importantes, além da renda", completa Graham. Por essa razão, a autora relembra uma frase de John Stuart Mill: "O homem não deseja ser rico, deseja ser mais rico do que os outros homens".

A importância que colocamos nas posições relativas proporciona o surgimento de fenômenos como o chamado paradoxo da felicidade, no qual países mais felizes tendem a ter taxas de suicídio mais altas. O ser humano tem a característica de estar constantemente se comparando aos demais. Não importa apenas a nossa felicidade, mas a nossa felicidade em comparação à daqueles que nos cercam. Pessoas que se sentem menos felizes (não necessariamente infelizes) que os demais a sua volta teriam sua felicidade diminuída pela pressão de ter que estar bem o tempo todo. Não por acaso, países como Estados Unidos e Dinamarca, por exemplo, são considerados felizes, com elevada renda, porém com altas taxas de suicídio. Claro que há outras causas para isso, mas as posições relativas e a pressão por ter sucesso como as pessoas que estão ao redor são uma das fontes de explicação.

Um exemplo disso é o estudo realizado por Erzo Luttmer, professor de economia da Dartmouth College. Luttmer procurou saber como os indivíduos se sentiam quando as pessoas de sua vizinhança tinham salários mais altos. Segundo Luttmer, o aumento de salário daqueles que possuem uma convivência mais próxima tem um forte efeito negativo na felicidade daqueles que não tiveram um aumento. Mais interessante ainda é ver que um aumento no salário dos vizinhos e uma redução no próprio salário provocam aproximadamente o mesmo impacto na felicidade do indivíduo. Ou seja, as posições relativas sempre serão importantes.

Como disse o barão de Montesquieu: "Se quiséssemos ser apenas felizes, isso não seria difícil. Mas, como queremos ficar mais felizes do que os outros, é difícil, porque achamos os outros mais felizes do que realmente são". Cada vez que comparamos nossa vida com a dos outros, estamos a um passo de nos sentirmos mais infelizes. E nesse quesito há um novo fenômeno mundial que merece atenção: as redes sociais. Facebook, Instagram, LinkedIn, Snapchat, ao possibilitarem a comparação constante com nossos amigos, familiares e colegas, podem ter um efeito em nossa felicidade.

A pesquisa realizada pelo Laboratório de Estudos de Emoção e Autocontrole da Escola de Psicologia da Universidade de Michigan confirmou essa hipótese e mostrou, por meio de um grupo voluntário, que aqueles que mais utilizavam o Facebook se sentiam mais infelizes e os que tiveram mais interações reais se sentiam melhor. Talvez porque esses indivíduos, em vez de estarem no Facebook, utilizaram esse tempo com um belo jantar, uma reunião de amigos ou um bom filme. Como vimos, atividades que aumentam nossa felicidade de maneira permanente. Essa é uma explicação possível.

A explicação mais provável, porém, é que as redes sociais são um prato cheio para comparar a nossa vida com a dos demais. É rápido, é simples. Porém, talvez esqueçamos que aquela não é a vida das pessoas. Pois "ninguém é tão feliz como no Facebook, tão simpático como no Twitter, tão ausente como no Skype, tão ocupado como no MSN e tão bom como no LinkedIn".

Agora que sabemos que, ao compararmos nossa vida, estamos no caminho da infelicidade, como podemos tirar proveito desse fato? Deixando de comparar. Agora que entendemos que, sempre que desejamos mais, acreditando que a felicidade estará nos bens conquistados, nos tornamos mais infelizes, como tiramos proveito disso? Desejando menos e vivendo mais.

O professor da USP e consultor da Unesco Clóvis de Barros Filho relata bem, em suas inúmeras palestras pelo Brasil, essa busca incessante:

> Eu me lembro da tia Guiomar. E a tia Guiomar era aquela professora que dava aula de tudo. Estudávamos numa parte antiga da escola. E a tia Guiomar dizia quase todos os dias: "Quando passarem para o ginásio, vocês vão para o prédio novo". E tudo que se faz a partir de então é para chegar ao prédio novo. Cada vitória era um passo que nos aproximava de lá. No prédio novo, cada ano do ginásio era num andar. E o colegial era no topo do prédio. A cada ano subíamos um andar. Quando chegamos ao ginásio, imediatamente o coordenador falou: "Agora acabou a frescura, tudo é voltado para o vestibular". E assim desde a escola a gente se acostuma a perseguir cenouras. A cenoura do prédio novo, a cenoura do último andar, a cenoura do vestibular. Você entra na faculdade, e lá o que se diz logo no primeiro ano? "Estamos nos preparando para formar um futuro profissional."

A cenoura agora é um estágio, o trainee, um diploma e um emprego. Você por fim se forma, é efetivado e aí finalmente tem a carteira assinada. Você poderia levantar os braços e dizer: "Acho que agora a vida começou de verdade, não tenho que perseguir mais nada, cheguei aonde esperavam que eu chegasse, tenho um emprego, estou economicamente ativo no mundo". Não! A empresa tem quinze níveis, e você está no g15 tendo que subir até o g1. Não tem nem espaço para a sua bicicleta no estacionamento e logo alguém já fala: "Meu amigo, enquanto você não passar para o g14 neste lugar, você não é ninguém".

E lá vai você, g14, g13, g12. De repente esses cargos começam a ter siglas, CFO, COO e VP. Você vira VP e pensa que agora a vida começou! Mas aí você reflete: "VICE-PRESIDENTE! Por que só VICE-PRESIDENTE? Enquanto eu não for presidente a vida não vale a pena". E para subir você teve então que perseguir cenouras. Novos anos começam, os chefes ligam novos PowerPoints, novas metas, e você é levado por esse ciclo sem fim.

Não queremos sugerir que haja sequer 1% de chance de definirmos um caminho ou uma estratégia para sermos felizes. Sugerimos apenas que façamos alguns questionamentos a nós mesmos e que a felicidade está nos pequenos momentos diários. Quais momentos? Cada um deve encontrar o seu.

5. Quantos e quais amigos ter?

> *Amizade verdadeira é como a boa saúde: só conhecemos seu valor quando a perdemos.*
>
> Charles Colton

Amizades mudam vidas. Às vezes para o mal, mas muitas vezes para o bem. Irineu tinha cinco anos quando o pai morreu, assassinado por ladrões de gado. A família morava em Jaguarão, um município muito pequeno no extremo sul do Brasil, na divisa com o Uruguai. Criar gado era a principal atividade econômica do local. Alguns anos após o falecimento do pai, a mãe de Irineu se casou novamente.

No entanto, o novo marido não queria conviver com os filhos da viúva. Então Irineu, já com oito anos, foi entregue ao tio, um capitão da Marinha mercante que logo o levou para o interior de São Paulo, onde foi para o colégio interno e aprendeu a ler e escrever. Com apenas nove anos, Irineu seguiu com outro tio, também da Marinha mercante, para o Rio de Janeiro, e foi ter que se virar praticamente sozinho. É um desafio assustador, mesmo considerando que, na época, era comum que crianças fossem introduzidas no mundo do trabalho desde muito cedo. O fato é que, com a ajuda do tio, arrumou um emprego de balconista em uma loja de tecidos. Era um trabalho simples, normalmente reservado a portugueses pobres e brasileiros analfabetos. Irineu trabalhava das sete da manhã às dez da noite. Recebia em troca moradia e comida. Parecia justo. Aos onze anos, mudou de emprego. Foi trabalhar como caixeiro em uma loja de maior porte, a do português João Rodrigues Pereira de Almeida. Conta-se que seu desejo de aprender era tanto e tão visível que um dos fregueses da loja se ofereceu para lhe dar aulas de contabilidade, francês e outras disciplinas. Irineu deixava os livros no balcão e sempre aproveitava o momento sem clientes para estudar.

Era o ano de 1829, e uma crise econômica afetou as principais casas comerciais portuguesas que operavam no Rio de Janeiro, então capital do Brasil. Seu João Almeida viu os negócios naufragarem e propôs uma falência amigável aos credores. Ofereceu até a casa. Um de seus principais credores era Ricardo Carruthers, um comerciante escocês proprietário de uma das maiores empresas de importação da época. O sr. Carruthers passou então a ser proprietário do comércio de João Almeida, mas disse não aceitar a casa como pagamento da dívida. E o fez por princípio: "De onde venho, o lar é um lugar intocável", teria dito. Como retribuição da gentileza, João Almeida lhe "ofereceu" Irineu. Não como caixeiro, função que exercia na casa comercial do sr. Almeida, mas como auxiliar de contabilidade. E o sr. Carruthers aceitou.

Carruthers era um homem educado. Entendia do mundo dos negócios, de economia e política. Percebendo em Irineu uma fome de conhecimento, ensinou-lhe muita coisa sobre os negócios dos quais participava. Mais do que isso, Carruthers abriu-lhe a biblioteca e criou uma relação de amizade com o menino. O escocês foi professor e companheiro de longas conversas com Irineu, nas quais ensinava tudo o que sabia sobre economia, negócios e até política. A relação de amizade e o empenho de Irineu fizeram Carruthers confiar posições mais elevadas a ele dentro da empresa. Aos 23 anos, o gaúcho radicado no Rio se tornou gerente e sócio da firma. Quando Ricardo Carruthers retornou para o Reino Unido, deixou o pupilo tocando os negócios.

Nos anos seguintes, Irineu se tornaria um dos homens mais ricos do mundo, responsável por empreendimentos que ainda estão presentes na vida do brasileiro. Ele criou boa parte das estradas de ferro do país e os primórdios do que é hoje o Banco do Brasil. Mesmo tendo terminado a vida de forma modesta, Irineu, que ficou conhecido como barão de Mauá, entrou para a história como o precursor da industrialização brasileira.

QUANTO VALEM AS AMIZADES?

Muito embora o sucesso do barão de Mauá seja em grande medida produto de seu esforço e sua habilidade com os negócios, há algo inegável em sua história: os laços de amizade com o empresário britânico foram fundamentais no seu destino e, em particular, na riqueza que acumulou durante a vida.

Laços de amizade, mais do que "duplicar alegrias e dividir tristezas", como afirma o dito popular, podem ser tão importantes para nosso bem-estar quanto para nossa riqueza material.

Oriana Bandiera e colegas da London School of Economics fizeram um experimento com mulheres pobres da zona rural de Bangladesh que ilustra com mais rigor científico a importância da amizade. O objetivo do trabalho era testar se seria possível, com uma pequena ajuda financeira inicial e treinamento em negócios, retirar essas pessoas da condição de pobreza de forma permanente. Os pesquisadores sabiam que essas pessoas faziam parte de redes sociais com as mais diversas estruturas — algumas definidas por uma cadeia de laços familiares e outras por relações de troca e comércio. Como se tratava de uma comunidade relativamente pequena, mapearam a rede de amizades de todos os envolvidos.

Os participantes do estudo foram selecionados para integrar um programa de auxílio de uma ONG, a BRAC, que utiliza índices de desenvolvimento humano para selecionar as áreas mais pobres do país. Dentro dessas áreas, a ONG lança mão de uma combinação de entrevistas e medidas relativas de riqueza para identificar as mulheres mais pobres que seriam beneficiárias do programa. Cada área selecionada tem aproximadamente cem famílias.

No experimento, havia dois grupos de unidades familiares. Um grupo, o dos "tratados", recebeu alguns ativos, como porcos, vacas e galinhas, dinheiro para se manter por cerca de dez meses e treinamento em negócios. O outro, o grupo de controle, receberia os benefícios do programa apenas quatro anos depois. Como se tratava de mulheres muito pobres, o valor dos ativos recebidos era alto quando comparado às suas posses. Os efeitos eram avaliados comparando-se, antes e depois do experimento, as diferenças de quesitos como riqueza, renda e poupança das mulheres no grupo de tratados em relação às mulheres no grupo de controle.

Os resultados foram surpreendentes. A família das mulheres do grupo de tratados experimentou uma considerável mobilidade social, saindo das camadas mais pobres da comunidade para a classe média baixa. As mulheres tratadas mudaram também a forma como ganhavam a vida, abandonando o trabalho assalariado em favor da criação de gado, porcos e galinhas. O mais interessante é que o benefício material não se destinou apenas às famílias que participaram do grupo de tratamento. Os amigos dessas famílias também: o consumo dos amigos aumentou 20% em um ano. O experimento criou conexões entre os mais pobres e os relativamente mais ricos, dando chance para que os primeiros interagissem com indivíduos de status mais alto, abrindo com isso um canal para uma possível integração social mais forte — o que ilustra a importância do tal do networking.

Entretanto, não é apenas o bolso que pode ser afetado pelas amizades. Ao longo das últimas quatro décadas, estudos na área médica têm buscado identificar os impactos de nossa rede social sobre a saúde. Um estudo do fim da década de 1970, por exemplo, acompanhou por nove anos uma amostra de aproximadamente 7 mil habitantes da Califórnia e descobriu que indivíduos com menos amigos tinham uma taxa de mortalidade entre duas e três vezes mais alta do que aqueles com o maior número de conexões sociais. Pode-se imaginar que esse resultado seja explicado pelo fato de pessoas com poucas amizades sofrerem de algum tipo de doença crônica ou adoecerem com mais frequência, o que dificulta a manutenção da rede de interações. Mas os resultados desse estudo mostram que a diferença na taxa de mortalidade entre pessoas com maior ou menor número de conexões sociais independia da saúde do indivíduo no início do estudo. O que essa pesquisa sugere, portanto, é que família e amigos afetam nossa longevidade.

Você deve estar se perguntando como ter cem amigos em vez de dez pode nos fazer viver, em média, mais. Somos suscetíveis à influência das pessoas mais próximas com as quais interagimos. Na escola, por exemplo, estudamos mais quando estamos cercados de alunos que tiram boas notas. Temos uma tendência a parecer, em várias dimensões, com as pessoas mais importantes de nossa rede de amigos e familiares — mesmos hobbies, mesma escolaridade, mesmos hábitos alimentares. São esses arranjos de influência e pressão dos pares que acabam transmitindo uma série de comportamentos relacionados a risco e saúde. Esse é pelo menos um dos possíveis mecanismos através dos quais a estrutura de nossa rede de amigos e parentes pode afetar nossa saúde e longevidade — para o bem ou para o mal.

AMIZADES E EMPREGO

Talvez a ideia de que as amizades que nos cercam afetam nosso modo de vida e nossa saúde não seja tão surpreendente. Tampouco a ideia de que os amigos podem ser úteis no trabalho. No entanto, amizades têm um papel complexo, e ainda pouco entendido, no mundo do trabalho.

Amigos podem nos avisar de vagas abertas nas empresas em que trabalham e até mesmo nos recomendar explicitamente para um emprego. Há quem diga que isso, em particular, é mais agudo em países de cultura ibérica como o Brasil, onde os níveis de confiança para com indivíduos fora da família e da rede mais íntima de amigos são muito baixos. Mas, ainda que muito provavelmente existam diferenças, a prática é comum em vários países. Uma enquete feita na década de 1970 com moradores do estado de Massachusetts, nos Estados Unidos, por exemplo, revelou que a maioria dos entrevistados tinha obtido seus empregos através de sua rede de conhecidos. Resultado similar foi encontrado em outros países. Embora seja inegável o benefício de ter amigos que possam nos ajudar a arrumar um emprego, não é exatamente claro se isso é vantajoso para as companhias.

A existência de amizade entre funcionários pode beneficiar a empresa se esses laços servirem para aumentar a cooperação e a difusão do conhecimento. Ter funcionários que nutrem afeição uns pelos outros pode ser benéfico para a empresa se isso contribuir para que confiem mais uns nos outros, se diminuir o risco de praticarem ações voltadas para sabotar colegas ou mesmo quando os funcionários são remunerados pelo trabalho coletivo do grupo. Mas não só. As empresas podem usufruir das redes sociais de seus funcionários para usar o monitoramento entre amigos e mitigar os chamados problemas de risco moral — funcionários fazendo pouco esforço ou adotando ações que podem ser prejudiciais para a empresa. Contratando pessoas recomendadas pelos funcionários, dos quais provavelmente serão amigas, as companhias também podem diminuir os custos de busca e a assimetria de informação no processo de contratação. Afinal, o candidato à vaga sempre sabe mais sobre si mesmo do que a empresa.

Contudo, laços de amizade entre funcionários também podem prejudicar a empresa. Há estudos que documentam, por exemplo, que funcionários com laços de amizade exercem pressão uns sobre os outros para garantir que ninguém empregue um esforço além do mínimo necessário nas atividades que desempenham. Funcionários que se conhecem e são próximos também têm mais probabilidade de fazer conluios entre si para prejudicar seus superiores e os proprietários da firma.

Em 2015, as ações da empresa que controla a rede de supermercados Pão de Açúcar caíram cerca de 18% e fizeram o valor de mercado da empresa perder quase 235 milhões de dólares. Analistas atribuem essa queda à divulgação que a firma fez de que estava investigando possíveis irregularidades na gestão de seus estoques. Os jornais da época falavam da existência de um esquema de desvio de produtos eletroeletrônicos praticado por um grupo de pelo menos nove funcionários. A malandragem do grupo (de amigos, é razoável suspeitar) durou cerca de cinco anos e causou um prejuízo de cerca de 60 milhões de reais. Claro que não é a existência de laços de amizade que, em si, leva as pessoas a fraudar as empresas nas quais trabalham. Mas essa proximidade a torna mais provável.

Além disso, sentimentos de gratidão ou altruísmo podem fazer com que um funcionário indique para uma vaga alguém que está em maior necessidade, e não um amigo que acredita ser o mais qualificado para a posição. Mas que critérios usamos para selecionar qual amigo indicamos? Será que sempre indicamos os amigos mais próximos?

Lori Beaman, da Universidade Northwestern (EUA), e Jeremy Magruder, da Universidade da Califórnia em Berkeley, fizeram um experimento que revela como um pouco de dinheiro pode destruir ao menos parte dessa aparente tendência que temos de favorecer familiares e amigos. Eles organizaram o seguinte experimento em uma área rural da Índia. Primeiro, recrutaram participantes para realizar um trabalho relativamente simples: responder a um questionário e dar conta de uma tarefa intelectualmente intensa. Bateram de porta em porta no vilarejo pedindo às famílias que enviassem um homem adulto para o local da pesquisa. A tarefa não é a mais comum e foi feita em um laboratório, portanto, pode ser vista como um tanto artificial. No entanto, estava sob supervisão, houve tempo para desenvolvê-la e foi relativamente bem paga — condições que se assemelham ao que encontrariam em um emprego real.

Os participantes receberam um pagamento (135 rupias, um pouco mais do que o salário médio diário na região) por completar essas tarefas e a oferta de mais uma quantia se trouxessem outro adulto do sexo masculino que julgassem bons para realizar a tarefa cognitiva. O pagamento extra por indicar e trazer outro participante poderia ser fixo ou variável. O fixo independeria do desempenho do indicado. O esquema variável tinha, além de um pagamento fixo, uma parte que dependia diretamente do desempenho da pessoa indicada. O resultado desse experimento mostrou que, quando os participantes recebiam dinheiro proporcional ao desempenho, era menos provável (7%) que indicassem parentes. O mais interessante talvez é que, quando recebiam incentivos monetários pela performance de quem indicavam, os indivíduos de fato faziam uma seleção mais criteriosa, selecionando indivíduos que se saíam melhor nos testes. A implicação prática é óbvia: funcionários indicarão pessoas que vão de fato contribuir para a melhoria da empresa quando têm incentivos para escolher bem quem indicam. Na falta de incentivos, apontam o amigão do coração, mesmo que ele não seja o melhor para a vaga.

QUANTOS AMIGOS TER?

A pergunta parece sem sentido. Afinal, com tantos benefícios em ter amigos, é natural acreditar que quanto mais melhor. No entanto, vivemos sob a implacável restrição do tempo, uma riqueza fundamental para manter amizades. Dar conta de muitos amigos de verdade requereria uma brutal realocação de nosso tempo: para conversar, para ajudá-los, para sair e se divertir com eles. Tempo até para sofrer e chorar com eles. Por mais custoso que possa ser, o fato é que cultivar e construir uma rede de relações interpessoais dessa natureza é parte importante de nossa vida. A importância advém não apenas de sermos compelidos a construir essa rede de amizades na sociedade em que vivemos, mas também da importância da estrutura e das características dessa rede para nosso bem-estar psicológico e desenvolvimento emocional-cognitivo em geral — um aspecto no qual talvez não prestemos tanta atenção. Nossa rede social pode ser descrita por três características: o número de conexões sociais, o tipo de conexão que temos com cada pessoa dentro de nossa rede social (próxima, distante, direta ou indireta etc.) e a frequência com que mantemos contato com cada uma dessas conexões. Nossa rede, por exemplo, pode ter três amigos próximos e 25 amigos de amigos com quem temos uma relação distante e indireta. Ou pode ter dez amigos e um número menor de amigos de amigos com quem temos contato esporádico. É natural, talvez, crer que o número de amigos terá uma relação direta com nosso bem-estar mental. A razão é simples e certamente apela à nossa intuição: com mais amigos, aumentamos nossas chances de satisfazer as necessidades de relacionamento interpessoal. Um bom amigo, afinal, é alguém de quem esperamos apoio, compreensão, tolerância e preocupação quase que incondicionais. Não é por acaso, portanto, que há alguma evidência anedótica de que experiências difíceis como não ter onde morar ou até se divorciar estão relacionadas à falta de boas amizades.

Um estudo das professoras Christina Falci, do Departamento de Sociologia da Universidade de Nebraska, e Clea McNeely, do Departamento de Saúde Pública da Universidade do Tennessee, mostra que, pelo menos entre adolescentes, há evidência empírica de que uma rede social subintegrada (isto é, com poucos amigos) tende a estar associada a níveis mais elevados de sintomas depressivos. Mas, mais do que dizer que ter amigos importa para o humor — depressão pode ser vista como um distúrbio de humor —, o estudo das pesquisadoras destaca que o tipo de conexão e a frequência de contato parecem também importantes para o bem-estar mental dos adolescentes.

Muito do senso comum nesse assunto indica, por exemplo, que ter um único amigo íntimo já pode ser suficiente, pois ele pode prover o apoio e o companheirismo necessários. Como teria dito Aristóteles, "o antídoto para cinquenta inimigos é um amigo". O que a pesquisa de Christina e Clea encontra, na verdade, é que um único amigo íntimo não é suficiente para dissipar a sensação de não pertencimento e solidão, além dos sintomas depressivos associados, que recaem sobre os que têm uma rede pequena de conexões sociais. Ou seja, quando o assunto é amizade, qualidade importa, mas alguma quantidade também. E esse resultado talvez nem seja o mais surpreendente.

Como dissemos anteriormente, muitos amigos parecem ser quase uma garantia de que teremos algum acolhimento e a companhia de que precisamos em tantos momentos. Na verdade, o que os resultados do estudo de Christina e Clea sugerem, a partir de dados de alunos do ensino médio nos Estados Unidos, é que redes sociais sobreintegradas (com muitos amigos e conhecidos) podem ter efeitos negativos sobre nossa saúde mental.[*] A ideia aqui é que estar na posição de amigo impõe algumas expectativas sobre nós — de fornecer algum tipo de ajuda e assistência e de fazer algum tipo de atividade conjunta. À medida que cresce o número de vínculos, crescem também os custos de manter todos esses amigos. A expectativa de cumprir essas obrigações criaria uma pressão e uma exaustão emocionais nocivas. Pelo menos para os adolescentes, como indicam os resultados do estudo.

---

[*] Esses efeitos são distintos e dependem de uma interação entre gênero e estrutura da rede. A sobreintegração das redes sociais dos participantes do estudo está associada a níveis mais elevados de sintomas depressivos entre garotas apenas se suas redes são fragmentadas. Já entre garotos, essa associação está presente apenas entre aqueles com redes coesas (amigos interconectados). Esses resultados, em particular, devem ser vistos com precaução por causa dos problemas de multicolinearidade que podem existir nas regressões utilizadas.

Essa relação em forma de U entre o tamanho das nossas redes de amizades e os custos psicológicos tem ligação com a "lei dos rendimentos marginais decrescentes". Essa lei dita que os benefícios de uma atividade produzida com um dado tipo de insumo tendem a aumentar conforme gastamos mais desse insumo nessa atividade, mas esses benefícios tendem a aumentar. Porém os ganhos desses aumentos vão sendo cada vez menores (ou, como costumam dizer os economistas, os benefícios aumentam a taxas decrescentes). Levada para o contexto das amizades, essa "lei" implicaria que adicionar um amigo a nossa rede social, quando não temos nenhum ou temos muito poucos, será muito mais benéfico do que quando adicionamos esse amigo a uma rede já extensa. A partir de certo ponto, ter mais amigos pode ser emocionalmente mais custoso do que benéfico.

Conquanto esse estudo diga respeito a uma amostra de um subgrupo demográfico da população (adolescentes), a mensagem sugerida pelos principais resultados parece ser um tanto reconfortante: se por um lado não há um número ótimo de amigos a que devemos almejar, por outro, soa razoável crer que esse número não pode ser tão baixo, de modo que não tenhamos amigos suficientes para satisfazer nossas necessidades de conexão e socialização, nem tão alto, de modo que nos sintamos mal pela falta de disponibilidade de cumprir o papel esperado de um amigo ou amiga. É "o caminho do meio", como dita um princípio da prática budista.

Na impossibilidade de ter muitos amigos e na certeza de que não ter nenhum amigo é prejudicial, resta então decidir quem serão nossos amigos. Sejam quais forem, queremos que sejam amizades verdadeiras. Diz o ditado que as verdadeiras amizades são difíceis de encontrar, difíceis de deixar e impossíveis de esquecer. O barão de Mauá certamente não esqueceu as amizades que fez.

6. O preço do sucesso pode ser a mediocridade

Prefiro ser o primeiro na vila a ser o segundo em Roma.

Júlio César

Você já deve ter se perguntado muitas vezes se é melhor ser o aluno de maior destaque em uma universidade que não está entre as melhores, pouco famosa, ou ser apenas um aluno mediano, de pouco destaque diante dos seus pares, em uma universidade de prestígio. Esse questionamento não é exclusivamente seu. E trata, além disso, de um conflito presente em muitas escolhas fundamentais que determinam nosso sucesso.

Diz-se que o segredo do sucesso tem a ver com a constância do propósito, com o amor genuíno pelo que se faz e com a repetição extenuante, pois é na fadiga que se forja o mérito. Sucesso é algo difícil de ser compreendido, mas o fato é que a vasta maioria das pessoas está em seu encalço. Afinal, êxito e triunfo profissionais conferem prestígio e status social.

Há obviamente diferenças consideráveis nos graus de prestígio entre aqueles que dele já gozam. O prestígio de Andrew Wiles não é o mesmo que o de Bono, vocalista da banda U2. Bono tem fama mundial, é conhecido pelos mais variados segmentos da população. Andrew, por sua vez, é o matemático britânico que demonstrou o enigmático teorema de Fermat, uma proposição cuja demonstração desafiou os matemáticos por trezentos anos. Andrew tem fama apenas no restrito círculo do mundo acadêmico. No entanto, há algo em comum entre eles. Ambos, é razoável imaginar, acreditam que mais prestígio é sempre melhor do que menos. Muitas contribuições que deram no segmento profissional ao qual pertencem foram, provavelmente, governadas pela busca por prestígio e status. Afinal, quem não os quer? Eles trazem uma série de recompensas sociais. Somos tratados de forma diferente, com deferência e cooperação, transferem-nos autoridade e até recursos. Com tantos prêmios — muitos simbólicos, é verdade, mas escassos, portanto valiosos —, é natural que a busca por status seja uma poderosa força influenciando nosso comportamento.

ESCOLHAS CONFLITUOSAS

Status tem uma natureza dupla. Existem, segundo os economistas, dois tipos de status social: o local e o global. O local é proporcionado pela posição relativa do indivíduo dentro do grupo ao qual pertence. Por exemplo, dentro da seleção brasileira, Neymar tem mais status do que a grande maioria. Já o status global é determinado pela posição relativa do grupo ao qual o indivíduo pertence dentro do universo de grupos.

O status global importa porque em um grupo ou instituição com pessoas de alta performance — condição necessária para se gozar de status global —, acabamos nos beneficiando da interação com pares de maior qualidade. É o tal do efeito dos pares (ou *peer effects*, como é mais conhecido em inglês). O status local, por sua vez, importa porque essa interação com pares melhores pode ter impactos negativos em nossa autopercepção e, por conseguinte, em nossa performance — o chamado efeito peixe-grande-em-aquário-pequeno, já documentado na literatura de psicologia e sobre o qual falaremos mais adiante.

A escolha, portanto, entre os dois tipos de status, para a vasta maioria das pessoas, encerrará um curioso conflito: ter mais de um implicará a aceitação de menos do outro. Por exemplo, Lucas Digne é jogador do Barcelona. Se você não acompanha os jogos do Campeonato Espanhol ou do Barcelona, provavelmente nunca ouviu falar dele, que já jogou na seleção francesa e está na equipe catalã desde 2016. Mas provavelmente sabe que o Barcelona é um dos maiores clubes de futebol do planeta. O time soma, por exemplo, o maior número de títulos da Copa do Rei, é o maior detentor de títulos da Copa do Mundo de Clubes da Fifa e está entre os clubes com o maior número de torcedores ao redor do mundo.* Lucas Digne, no entanto, é reserva do time principal do Barcelona. Ele atua, em geral, como substituto dos jogadores mais renomados do clube, como do espanhol Jordi Alba e do francês Samuel Umtiti. Digne tem apenas 24 anos, mas já possui impressionantes registros de desempenho como jogador de defesa em times pelos quais passou, como o Roma, da Itália, e o PSG, da França. Se jogasse em times da segunda divisão da França ou da Espanha, seria quase certamente um dos melhores jogadores da equipe.

---

* Ver ranking de clubes de acordo com vários critérios (número de seguidores em redes sociais, venda de camisas etc.) em matéria disponível em: ⟨http://www.totalsportek.com/list/most-popular-football-clubs/⟩. Acesso em: 1 ago. 2017.

Esse conflito está presente também nas escolhas que fazemos na carreira: ser assistente do JP Morgan, um dos maiores bancos de investimento do mundo, ou gerente do Banco Cacique? Está presente também nas escolhas educacionais: ser um aluno abaixo da média em Harvard ou um dos melhores alunos de uma universidade menor? E parece fazer parte também das decisões de onde morar: um apartamento de 40 m² no bairro dos Jardins (SP)/Ipanema (RJ) ou um de 120 m² no Butantã (SP)/Tijuca (RJ)? Seja qual for o contexto, uma coisa parece certa: nunca teremos tudo.

PEIXE GRANDE EM AQUÁRIO PEQUENO OU PEIXE PEQUENO EM AQUÁRIO GRANDE?

A escolha, pelo menos no âmbito profissional ou educacional, deveria ser óbvia, não? Afinal, não há dúvida de que fazer parte de um grupo formado pelos melhores, em alguma dimensão, deve nos trazer uma série de benefícios.

Nos sistemas escolares de países como Áustria, Alemanha e Hungria (e em algumas escolas particulares brasileiras), os alunos são divididos em turmas conforme sua habilidade. Os muito bons com os muito bons, os bons com os bons, e assim por diante. O argumento central desse tipo de organização escolar, conhecida como *tracking*, é de que turmas mais homogêneas permitem um ritmo de ensino mais customizado. E isso traria ganhos, pois o professor não precisaria se preocupar com a possibilidade indesejável de ser muito lento para os mais rápidos ou muito rápido para os mais lentos. Faz sentido. No entanto, estar entre os melhores pode não ser necessariamente benéfico. Alguns estudos sugerem que essa separação pode aumentar a desigualdade no desempenho dos estudantes sem que haja um ganho de eficiência — nem os estudantes de habilidade relativamente menor nem os de habilidade relativamente maior parecem se beneficiar desse tipo de organização.

Muito menos controverso é o que sabemos sobre o efeito psicológico de estarmos entre os melhores. Em contextos educacionais, por exemplo, os psicólogos já documentaram ampla evidência de que estar entre os melhores pode prejudicar a autoestima.* O mecanismo por trás desse efeito é simples: comparamos nosso desempenho com o dos pares e usamos essa avaliação como base para formar a avaliação que fazemos de nós mesmos. Em um grupo de altíssimo nível, no qual a performance média é obviamente muito alta, mesmo alguém muito bom pode se ver medíocre ao se comparar com os outros. É um golpe na autoestima. E o *self-concept*, o que achamos de nós mesmos em vários domínios, importa muito. Já se documentou que pensar positivamente sobre si mesmo é um importante previsor do desempenho no trabalho, no esporte e na escola.

O CASO DA AVERSÃO À MEDIOCRIDADE

Nem todo mundo está disposto a trocar seu tipo de status. É o que chamamos de aversão à mediocridade. Seria uma espécie de desconforto com a ideia de não ser particularmente destacável, de ser medíocre no sentido estrito da palavra. Com a ajuda de um gráfico e empregando alguns conceitos de economia, procuramos ilustrar o que seria exatamente essa aversão.

---

* O que chamam, como referido neste capítulo, de *big-fish-little-pond effect* (BFLPE), peixe-grande-em-aquário-pequeno. Ver, por exemplo, o estudo em 26 países realizado por Marsh e Hau (2003). Nele, o BFLPE foi encontrado em todos. O Brasil está incluso na amostra.

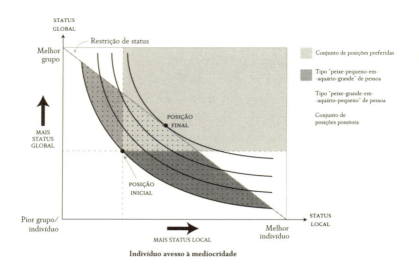

No eixo horizontal temos o status local do indivíduo, que cresce conforme nos movemos para a direita. No eixo vertical temos o seu status global, que cresce quando nos movemos para cima. A reta cinza é uma restrição que define as combinações máximas de status global e local que o sujeito pode ter. É uma espécie de fronteira de possibilidades. Sua inclinação negativa captura o conflito que existe entre o status local e o global. A principal mensagem desse gráfico é a de que, para aumentar o status local, é preciso aceitar fazer parte de grupos com avaliações cada vez mais baixas.

As curvas de indiferença, conceito amplamente conhecido em economia, representam as combinações dos dois tipos de status que deixam o sujeito igualmente satisfeito. Como é preferível ter mais de cada status, as curvas de indiferença mais altas entregam ao indivíduo níveis maiores de satisfação e sensação de utilidade. Notem que a inclinação de cada curva não é constante, o que tenta capturar a ideia de que as taxas de troca de um tipo de status pelo outro dependem da posição em que a pessoa se encontra. O formato convexo da curva de indiferença captura a ideia de que o indivíduo prefere balancear os dois tipos de prestígio a ter muito de um e pouco do outro. Notem também que as posições de status nos segmentos da curva de indiferença na área cinza mais claro retratam uma preferência por mais status global em detrimento do status local. O inverso acontece nos segmentos das curvas na área cinza mais escuro. Há um ponto inicial e um ponto final no gráfico. Vejam que, em relação à posição inicial, a final é uma melhoria nas duas dimensões de status: o indivíduo na posição final tem mais status local e mais status global do que tinha na posição inicial. Esse é o caso de um indivíduo que não trocou mais de um status pelo outro. Ou seja, não fez concessão alguma aos níveis iniciais de status local e global. Trata-se, na verdade, de mera especulação teórica, uma elucubração que talvez capture um pouco do que acontece no mundo real quando o assunto envolve prestígio.

CONSUMO E STATUS

O desejo por status parece ser um elemento importante por trás de nosso comportamento. Queremos o respeito e a admiração de nossos pares. E não por simples vaidade, pois status traz benefícios. Os pesquisadores Rob Nelissen e Marijn Meijers concluíram em uma investigação experimental que participantes que usavam uma camisa polo de marca conseguiram mais ajuda e doações de dinheiro para caridade do que participantes de camisa polo sem marca. Status, portanto, parece conferir algum tipo de tratamento preferencial.

Claro que isso não é novidade. Adam Smith, em *Teoria dos sentimentos morais* — sua obra menos conhecida, mas nem por isso com menos insights sobre o comportamento humano —, já notava que o desejo por posição social era um traço universal em nosso comportamento. Mas talvez seja o economista americano Thorstein Veblen o nome mais comumente lembrado como precursor da ideia de que o consumo de certos bens pode ser utilizado como evidência de riqueza, ao que chamou de consumo conspícuo. O que ainda intriga os pesquisadores é a extensão de nossos esforços e as formas que utilizamos para ganhar a consideração dos outros.

Kerwin Kofi e Erik Hurst, professores da Universidade de Chicago, e Nikolai Roussanov, professor de economia da Universidade da Pensilvânia, investigaram mais detalhadamente a teoria de Veblen. Eles analisaram, em particular, as diferenças nos gastos em consumo visível entre negros, hispânicos e brancos. Consumo visível seriam os gastos com itens facilmente observáveis em situações sociais, como carros, roupas e joias. O recorte étnico aí se motiva pela ideia comum de que nos Estados Unidos, de onde são provenientes os dados utilizados, a população negra gasta, em termos relativos, mais em bens visíveis. Não estava exatamente claro por que isso acontecia e tampouco se era de fato verdade. Mas o trio de pesquisadores pôde comprovar.

Ao observarem dados brutos ao longo de dezoito anos (1986--2002), não ficou aparente que havia diferenças significativas na proporção da renda gasta em consumo visível entre esses grupos étnicos. Essa comparação, todavia, produz conclusões equivocadas porque não leva em consideração que o consumo pode ser em função não da renda corrente, mas da chamada renda permanente — uma medida de renda esperada de longo prazo —, que pode ser muitíssimo diferente entre esses grupos, muito mais do que as diferenças entre renda corrente. Quando isso é feito, os resultados encontrados são impressionantes: negros e hispânicos americanos gastam cerca de 25% a mais com bens visíveis do que os brancos. Não é pouco. Estamos falando aí de cerca de 1900 dólares a mais por ano sendo gastos com carros, roupas e joias.

Cabe então perguntar por que grupos étnicos que parecem tão distintos — negros e hispânicos — teriam em comum esse padrão de consumo, no qual gastos com bens que muitos considerariam supérfluos são relativamente mais altos. Os autores da pesquisa mostram por meio de uma série de testes estatísticos que gastos mais elevados com consumo visível podem ser resultado de uma tentativa de sinalizar status, de contrabalançar a crença que os outros têm sobre seu salário de acordo com o grupo ao qual pertence. Quando o assunto é status, o grupo étnico acaba se tornando uma dimensão importante de ser observada na medida em que fornece alguma informação sobre a renda das pessoas que pertencem a ele — e em um mundo onde status importa e está relacionado a renda, a etnia será utilizada para inferir indiretamente o status do indivíduo. Gastos com consumo conspícuo, como previsto, tendem a diminuir conforme a renda do grupo étnico de referência aumenta — ou seja, se você pertence a um grupo étnico cuja renda média é relativamente elevada, a necessidade de sinalização de status através desse tipo de consumo diminui. É o que dizem os dados desse trabalho.

Embora a busca por status possa se manifestar no quanto gastamos em bens de luxo e já tenha sido observada até na escolha do tamanho de café e pizza,[*] esse tipo de consumo pode

---

[*] Dubois et al. observam em uma série de experimentos com escolhas hipotéticas que o tamanho de produtos como café e pizza, que em geral não são relacionados com sinalização de status em razão do baixo valor, são escolhidos em maiores tamanhos como forma de sinalização de status.

ser mais do que um mero instrumento de sinalização de renda. Yajin Wang, da Universidade de Maryland, e Vladas Griskevicius, da Universidade de Minnesota, tiveram a ideia de testar se o consumo de bens de luxo tem alguma função na dimensão romântica das pessoas — mais especificamente, das mulheres. Testou-se a hipótese de que o gasto da mulher com bens de luxo (bolsas, roupas, sapatos etc.) é uma forma de sinalizar para outras mulheres que seus parceiros românticos são dedicados. O gasto conspícuo aqui seria uma forma de desestimular outras mulheres a buscar algum tipo de relacionamento com o parceiro da outra, caso surgisse a oportunidade. É uma ideia que deve, compreensivelmente, incomodar muitas mulheres hoje em dia. Contudo, dados de uma série de estudos experimentais em condições hipotéticas fornecem evidências em favor da hipótese. Em uma das pesquisas, por exemplo, Yajin e Vladas concluem que as mulheres acreditam que aquelas que vestem roupas de marca são percebidas como tendo parceiros mais dedicados. Em outro experimento, eles tentam, por meio de uma série de manipulações visuais, induzir nos participantes sentimentos de atração ou de proteção de seus parceiros. O resultado mostra que as mulheres estão dispostas a gastar mais em bens de luxo apenas quando esse motivo protetor em relação ao parceiro é ativado e a compra é observada por outra mulher. Embora os resultados do estudo pareçam bastante frágeis — por serem hipotéticos, feitos em condições artificiais e com resultados abertos a outras interpretações —, eles servem para nos lembrar de que a busca por prestígio pode não ser um fim em si mesmo, mas parte de um processo mais amplo de busca por significado, entendido aqui como reconhecimento e conexão com outros objetivos maiores.

O professor de psicologia e economia Dan Ariely já demonstrou, em um estudo com seus colegas, que a quantidade de dinheiro que as pessoas pedem para realizar certas tarefas pode ser consideravelmente diferente dependendo do significado que é dado à tarefa. Em um experimento em laboratório, por exemplo, a compensação monetária exigida para fazer exercícios simples e repetitivos, como resolver um caça-palavras, nos quais você colocava o seu nome na folha de resposta, era diferente da compensação monetária exigida para realizar o mesmo trabalho no anonimato (no caso desse experimento, a folha de resposta era amassada e jogada no lixo, numa clara sinalização de que o trabalho era considerado irrelevante). Essas diferenças no valor exigido indicam que nosso desprazer com certo tipo de trabalho está relacionado com nossa percepção sobre o significado dele — estaríamos mais dispostos a fazer trabalhos percebidos como de grande significado para a sociedade. A mensagem aqui é clara: status não é dinheiro, mas é importante o suficiente para estarmos dispostos a pagar (na forma de um salário mais baixo).

O CASO DAS UNIVERSIDADES DA CALIFÓRNIA

Sabemos que status importa, mas não compreendemos exatamente como estamos dispostos a trocar um tipo de status (local) por outro (global). É possível formular alguma ideia. Dados de produtividade acadêmica e salário dos professores de economia das universidades da Califórnia-Berkeley e da Califórnia-Irvine apontam que há mais pessoas dispostas a trocar menos status global por mais status local do que nossa intuição talvez sugerisse. Isso pode explicar, ao menos parcialmente, um dado interessante: alguns professores do Departamento de Economia da Universidade da Califórnia em Irvine, instituição que ocupa a 63ª posição no ranking mundial de departamentos de economia, são muito mais produtivos do que alguns de seus congêneres no Departamento de Economia da Universidade da Califórnia em Berkeley (sexta posição no ranking mundial) e, no entanto, têm salários mais baixos. Isto é, são mais produtivos sem que haja uma compensação monetária que justifique o trabalho numa instituição em uma posição relativa consideravelmente menor.

É claro que há uma série de outras histórias concorrentes para explicar por que alguém profissionalmente tão bom em relação a outros indivíduos em uma instituição com elevado status global estaria "mal colocado", isto é, trabalhando em uma instituição com status global relativamente mais baixo. Diferenças de clima, de ambiente familiar e até mesmo a profissão do cônjuge são fortes candidatos para explicar essa aparente preferência por mais status local. É preciso obviamente uma investigação mais apurada dos dados para tentar separar todas essas histórias. O fato é que indivíduos talentosos, a despeito de sua aptidão lhes proporcionar voos mais altos, parecem presentes em lugares menos prestigiosos sem que haja uma aparente compensação monetária para isso. Pode ser uma troca por status, sucesso local.

De qualquer forma, e seja lá qual for o segredo do sucesso, uma coisa é certa: ele é construído sobre a habilidade de fazer mais do que apenas o bom.

7. O poder daqueles que nos cercam

Danbury não era uma prisão. Era uma escola do crime. Entrei como bacharel em maconha e saí com um doutorado em cocaína.

George Jung

Nova York é considerada uma das cidades mais seguras do mundo nos dias atuais. Para ser mais exato, a décima cidade mais segura do mundo, segundo o Safe Cities Index 2015.* O estudo reúne mais de quarenta indicadores qualitativos e quantitativos e inclui categorias como segurança digital, segurança sanitária, segurança de infraestrutura e segurança pessoal. No entanto, a realidade de Nova York nem sempre foi essa.

Quem frequentava a cidade nos anos 1970, ou mesmo quem só a acompanhava pelos noticiários, sabia que não era possível fazer coisas simples como andar pelas ruas à noite ou mesmo pegar o metrô com tranquilidade. Roubos, furtos e assassinatos eram rotina para quem vivia em Nova York, que passou a

---

* Estudo recente promovido pela Economist Intelligence Unit.

ser chamada de "a capital norte-americana do crime". As taxas de homicídio não paravam de crescer. Em 1990, a Big Apple atingiu o recorde histórico de 2245 homicídios em um ano, o equivalente a seis mortes por dia. Para se ter um parâmetro se esse valor é alto ou baixo, em 2012, o Rio de Janeiro, conhecido por ser uma cidade extremamente violenta, apresentou 1372 homicídios. Quase metade da Nova York de 1990.

Foi nesse contexto, de uma cidade em decadência e com uma crescente onda de violência, que em 1993 o advogado e empresário Rudolph Giuliani se candidatou para o cargo de prefeito de Nova York. Sua promessa? Reduzir drasticamente a criminalidade na cidade mais importante dos Estados Unidos. Sua estratégia? A política de Tolerância Zero.

Depois de uma campanha extremamente acirrada, e convivendo com a sombra de, em 1989, ter perdido por uma margem mínima para o democrata David Dinkins, Giuliani finalmente foi eleito prefeito de Nova York pelo Partido Republicano. Seu dever agora era colocar em prática a promessa de exterminar a violência à qual os nova-iorquinos eram diariamente submetidos.

Muitos associam a expressão Tolerância Zero à intolerância com os criminosos. Mas a associação é errada. O termo se refere aos atos praticados. Ou seja, era a tolerância zero contra qualquer crime ou vandalismo, por mais insignificante que pudesse parecer. Se alguém pichasse um muro, pouco depois ele estava limpo. Se havia uma cadeira destruída por vândalos, no dia seguinte havia uma cadeira nova no local. Por meio dessa política, o foco passou a ser os pequenos delitos. A prefeitura começou a apagar os grafites, limpar as estações, coibir a embriaguez em público, reprimir atos simples, como pular catracas, pequenos furtos e desordem em geral.

Ainda assim, muitos se perguntavam como aquela estratégia de combater pequenas infrações poderia reduzir os grandes crimes da cidade. A população não estava preocupada com pichações, e sim com os crimes violentos e com a própria vida. Para surpresa de alguns incrédulos, após a eleição acirrada em 1993, Rudolph Giuliani acabou sendo reeleito, ocupando o posto de 1994 a 2001, e até hoje é considerado o prefeito que mais reduziu a criminalidade. "Diminuímos os homicídios em 65%. E, como o sistema que iniciei foi continuado por [Michael] Bloomberg, meu sucessor, alguns crimes foram reduzidos em 80% a 90%", disse Giuliani.

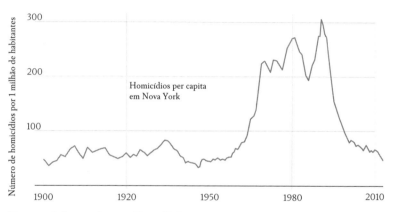

Número de homicídios em Nova York.

Mas a dúvida ainda pairava no ar. Como o simples fato de combater os pequenos delitos poderia reduzir homicídios e outros grandes crimes?

A TEORIA DAS JANELAS QUEBRADAS

Embora fosse considerado ousado em suas políticas públicas, Rudolph Giuliani teve uma inspiração: a Teoria das Janelas

Quebradas, uma experiência realizada pelo professor Philip Zimbardo, da Universidade Stanford, nos Estados Unidos. Em 1969, Zimbardo realizou uma experiência em psicologia social hoje considerada um clássico. Deixou dois carros idênticos abandonados na rua; mesma marca, mesmo modelo, mesma cor. Essas semelhanças faziam com que os resultados fossem mais comparáveis. Um foi deixado numa rua do Bronx, uma área problemática de Nova York conhecida por suas altas taxas de violência. O outro carro ficou em Palo Alto, cidade californiana rica e pacífica localizada no Vale do Silício, conhecido por atrair empreendedores do mundo inteiro. Dois carros idênticos abandonados, mas em lugares bem diferentes.

As equipes de especialistas em psicologia social notaram que, em poucas horas, o carro abandonado no Bronx começou a ser vandalizado. Roubaram os pneus, o motor, os espelhos, o rádio. Tudo o que dava para aproveitar foi levado, e o que não dava foi destruído. Já o carro de Palo Alto permaneceu intacto. A princípio, a conclusão parece simples: o carro do Bronx foi destruído por estar em uma localidade muito mais violenta.

No entanto, a experiência não parou por aí. Uma semana depois, os pesquisadores decidiram quebrar o vidro de uma janela do carro de Palo Alto para ver o que aconteceria. Dali em diante, o destino do automóvel, antes intacto, foi o mesmo do que estava no Bronx. Ele foi vandalizado e depenado até ficar na mesma situação de miséria do carro da região pobre de Nova York.

Por que um simples vidro quebrado num carro abandonado, em uma área supostamente segura e rica, é capaz de disparar todo um processo de deterioração como esse? Não tem nada a ver com pobreza, como sugeriria a primeira conclusão. Tem a ver com a psicologia das relações sociais. Uma janela quebrada em um carro abandonado, segundo os pesquisadores, transmite uma ideia de deterioração, descaso e descuido. Sugere ainda que os códigos de convivência já estão rompidos. Além disso, traz uma sensação de ausência de lei, normas e regras. Passa a impressão de que, mesmo que um indivíduo cumpra as regras, as pessoas ao seu redor não cumprem e não vão cumprir.

E, a cada novo ataque que o carro sofria, essas ideias iam sendo reafirmadas com a violência se multiplicando até desembocar num frenesi irracional. O mesmo vale para outros casos. Se você quebrar uma vidraça da janela de um prédio e a deixar sem conserto, é provável que em breve todas as outras sejam quebradas também. Se uma área comunitária começar a mostrar sinais de deterioração e ninguém se importar, logo teremos um vandalismo que evolui para o crime. Essa é a lógica por trás da Teoria das Janelas Quebradas.

Pequenas infrações, como estacionar em local proibido, exceder a velocidade ou atravessar o sinal vermelho, ao não serem coibidas, logo começarão a se tornar infrações mais graves, como embriaguez ao volante, pequenos casos de suborno e corrupção, até começarem os grandes crimes.

Foi essa teoria que passou a ser utilizada pela primeira vez como antídoto no metrô de Nova York, até então o lugar mais perigoso da cidade. O governo começou a combater as pequenas transgressões, e o resultado foi fulminante. O metrô de Nova York logo passou a ser um lugar seguro. Em 1994, o prefeito Rudolph Giuliani resolveu estender a experiência à cidade inteira. A estratégia era criar comunidades limpas e organizadas e permitir que pequenas transgressões da lei e das regras da boa convivência urbana se transformassem em crimes violentos.

ENTROU NA CADEIA COMO TRAFICANTE DE MACONHA, SAIU COMO UM DOS MAIORES TRAFICANTES DE COCAÍNA DO MUNDO

Se pudéssemos definir de maneira mais geral o que a política de Tolerância Zero de Giuliani e a experiência do professor Philip Zimbardo possuem em comum, o que seria?

Ambos os casos tratam dos chamados "efeitos dos pares". O efeito dos pares nada mais é do que a influência que o ambiente e os indivíduos que nos cercam causam em nossa vida. No caso do experimento do professor Zimbardo, as pessoas tenderam a vandalizar o carro quando este já estava avariado e a mantê-lo intacto quando ainda não havia nenhum dano. No caso da Tolerância Zero, coibir pequenas transgressões dava a sensação de uma situação de ordem e lei, o que evitava crimes de natureza maior.

Mas o efeito dos pares não acontece somente em segurança pública. Pelo contrário, está presente em nosso dia a dia. O filme *Profissão de risco*, protagonizado por Johnny Depp, nos dá uma pista. Ele conta a história real de George Jung, um dos maiores traficantes de cocaína dos Estados Unidos nas décadas de 1980 e 1990. Em plenos anos 1970, o tráfico de drogas crescia e se disseminava pelos quatro cantos do planeta, era a época dos grandes cartéis e dos traficantes poderosos. O consumo de cocaína explodia no país. Durante aquele período, o mundo todo passou a usá-la, de músicos e atores a empresários e políticos. Enquanto isso, nas praias ensolaradas e lotadas da Califórnia, o jovem George Jung percebeu a oportunidade de vender maconha e ganhar dinheiro fácil.

Jung começou importando maconha do México. Pouco tempo depois, seu negócio se transformou em um sucesso. Começou a faturar cerca de 100 mil dólares por mês, sucesso do qual

Jung se gabava: "Alguns são astros do cinema, outros são astros do rock... eu era o astro da droga". De maneira rápida, ele passou a ser um conhecido traficante na região. George estava feliz e satisfeito quando, em uma de suas operações, foi pego com trezentos quilos de maconha e condenado a cinco anos de prisão por tráfico de drogas. Jung foi enviado para Danbury, uma prisão em Connecticut.

Na prisão em Danbury, George dividiu a cela com alguém que mudaria sua vida. Seu nome era Carlos Lehder, um colombiano ligado aos cartéis de drogas. Lehder era um dos fundadores do cartel de Medellín e braço direito de Pablo Escobar. O cartel de Medellín foi nada menos do que a maior rede de traficantes de drogas nas décadas de 1970 e 1980. Extremamente bem organizado, o cartel começou em Medellín e passou a dominar a Colômbia toda. Pouco tempo depois estava operando na América do Sul inteira, na América do Norte e na Europa. Estima-se que o cartel chegou a faturar cerca de 60 milhões de dólares por dia.

Após dividir a cela com Lehder, Jung se viu em liberdade. Quando saiu da prisão, os dois amigos passaram a fazer negócios juntos. Era o início de Jung no mundo do tráfico de cocaína, um mercado muito mais rentável e no qual ele nunca havia atuado. Seu negócio era trazer centenas de quilos de cocaína de Medellín.

Nessa mesma época, Lehder o apresentou a Pablo Escobar, o homem mais poderoso do cartel de Medellín, conhecido como El Patrón e um dos maiores traficantes da história. Jung e Escobar firmaram uma parceria para distribuir 85% da cocaína consumida nos Estados Unidos. Com essa parceria, o que antes eram 400 mil dólares por mês passou a ser 1 milhão de dólares por semana.

Entre idas e vindas, George Jung foi preso pela última vez no México em 1994, com vários quilos de maconha e sentenciado a 21 anos de prisão. Após passar vinte anos na cadeia, Jung finalmente ganhou a liberdade no dia 2 de junho de 2014. Assim que saiu da prisão em Connecticut, relatou: "Danbury não era uma prisão. Era uma escola do crime. Entrei como bacharel em maconha e saí com um doutorado em cocaína". Em outras palavras, Jung foi preso por tráfico de maconha, mas provavelmente foi graças a todos os ensinamentos de Carlos Lehder que ele entrou no ramo da cocaína. Ironicamente, a única coisa que ele aprendeu na cadeia foi como ganhar mais dinheiro ilegalmente. Esse é mais um exemplo do poder daqueles que nos cercam e de como somos influenciados por nossas companhias.

A história do traficante George Jung e a política de Tolerância Zero de Rudolph Giuliani possuem algo em comum. Ambas mostram como as pessoas que nos cercam podem influenciar nosso destino.

SUBIU NO MORRO COMO ATENDENTE DA NET, DESCEU COMO UM DOS MAIORES TRAFICANTES DO PAÍS

Nós também temos os nossos Jungs.

Dezembro de 1999. Na Zona Oeste do Rio de Janeiro, próximo à comunidade da Rocinha, entra um bebê de nove meses na clínica de saúde, chorando de dor com o pescoço inchado. Segundo os médicos, não havia motivos para se preocupar, era apenas um mau jeito. Aliviada, a mãe voltou com a pequena Eduarda para casa.

Dias depois, o bebê continuava chorando. A situação tinha piorado. O problema não era nada simples, como haviam pensado. Após levar em outro hospital, os médicos viram que a coluna cervical de Eduarda começou a apresentar lesões.

A rotina dos pais de Eduarda tinha se transformado em uma peregrinação por clínicas e hospitais. Para tratarem das lesões na coluna da filha, os pais abandonaram seus empregos. Eduarda não contava com plano de saúde, mas os pais não tinham solução. Precisavam buscar tratamento ou a filha não iria sobreviver. A vida não perdoou. O resultado? Contas atrasadas e dívidas que chegavam a 20 mil reais. O pai, Antônio Francisco Bonfim Lopes, buscava um empréstimo, mas não conseguia. Quem emprestaria 20 mil reais para um casal de desempregados que morava em um barraco na Rocinha? Com apenas 24 anos, Antônio recorreu à única pessoa disposta a fazer esse favor: Luciano Barbosa da Silva — o Lulu, então chefe do tráfico da Rocinha e uma das principais lideranças do Comando Vermelho.

Antônio foi ao encontro de Lulu no alto do morro, pediu o dinheiro e explicou a sua situação: "Minha filha vai morrer se eu não fizer nada. Eu venho trabalhar para você. É a única forma de conseguir te pagar".

O pai de Eduarda não teve alternativa senão aceitar o emprego no morro onde morava. Ficava para trás Antônio Francisco Bonfim Lopes, então funcionário chefe de uma equipe de distribuição da revista com a programação da NET, e começava a história de Nem, chefe do tráfico da Rocinha, a maior favela da América Latina.

Nem começou como todo jovem no mundo do tráfico, com cargos simples. Era segurança de uma das bocas de fumo da Rocinha. Sua inteligência e moderação, porém, logo chamaram a atenção. Rapidamente ele galgou os degraus do tráfico e se tornou braço direito de Lulu, aquele que havia emprestado o dinheiro a ele.

Lulu foi o responsável por mudar a vida na comunidade da Rocinha. O Rio de Janeiro sempre tinha vivido um clima de guerra dentro das favelas, mas, sob o comando do patrão, os índices de violência na Rocinha despencaram para patamares equivalentes aos de bairros de classe média alta da Zona Sul carioca. Lulu, que estava mais para um empresário do que para um traficante nos moldes antigos, costumava dizer que a guerra era ruim para os negócios. Ela afastava as pessoas de lá. E, quando as pessoas começaram a participar da vida na comunidade, elas traziam com ela o consumo.

Em 2004, o clima de paz da comunidade, porém, terminava. A cúpula do Comando Vermelho ordenou que Lulu dividisse o comando da Rocinha com Eduíno Eustáquio de Araújo Filho, o Dudu. Lulu se colocou contra a ordem e se aliou à terceira maior facção do Rio de Janeiro, os Amigos dos Amigos (ADA). O que se viu depois foi um período de guerra na comunidade, com os soldados de Dudu tentando tomar o comando do morro à força. Até que o Batalhão de Operações Especiais, o Bope, entrou no jogo. Com a intervenção do Bope, Lulu foi morto pelos policiais.

Após sucessivas lutas pelo poder e trocas de comando, Nem finalmente assumiu a chefia da Rocinha. A política seria a mesma de seu mentor. Sob a gestão de Nem, os soldados do tráfico eram orientados a não extorquir nem ameaçar os moradores. Os infratores eram punidos com a expulsão do morro, e menores de idade eram vetados na organização criminosa.

A tradição implementada por Lulu, de oferecer assistência econômica aos moradores, foi fortalecida. Nem lembrou da ajuda que tinha recebido para pagar o tratamento da sua filha. Assim, construiu um campinho de futebol na comunidade, bancou tratamentos médicos e providenciou cestas básicas para os mais carentes. Nem era como o Pablo do cartel de Medellín, preenchendo o vazio deixado pelo Estado nas favelas do Rio de Janeiro. Na Rocinha, o Comando Vermelho era o Estado! Sob seu domínio, a Rocinha definitivamente mudou. Recebia shows de artistas famosos e era frequentada por jogadores de futebol e atores. Com a redução da violência no local, jovens de classe média começaram a frequentar os bailes funk da comunidade, e o comércio de drogas decolou.

Nem tinha um pensamento estratégico do tráfico ainda maior que o de Lulu. Seu conhecimento em logística, adquirido na época em que era funcionário da NET, foi perfeito para o mundo do crime organizado. Em pouco tempo, a Rocinha passou a atender 60% da demanda total de cocaína do Rio de Janeiro. Estimativas do setor de inteligência da polícia sugerem que a quadrilha movimentava entre 10 milhões e 15 milhões de reais por mês.

É bem verdade que Nem entrou no tráfico por causa de uma dívida, diferentemente de Jung, que entrou no ramo da cocaína após conhecer Carlos Lehder. Mas também é verdade que a decisão foi encorajada porque Nem fazia parte de um ambiente no qual entrar no mundo do crime era uma solução comum para os problemas. Se Nem fosse um morador da Zona Sul do Rio de Janeiro, área de classe média alta, muito provavelmente teria achado outra solução que não o tráfico de drogas. Nem é mais um exemplo da influência que aqueles que nos cercam têm sobre nosso destino.*

No final de 2011, às vésperas da ocupação da Rocinha para a instalação de uma Unidade de Polícia Pacificadora (UPP), Nem

---

* "Subiu o morro como Antônio, desceu como Nem da Rocinha". Disponível em: <http://brasil.elpais.com/brasil/2016/06/17/cultura/1466188903_152620.html>. Acesso em: 31 jul. 2017.

era o traficante mais procurado no Rio de Janeiro. No dia 9 de novembro de 2011, a polícia conseguiu prendê-lo, enquanto tentava fugir do cerco realizado na Rocinha. Nem aguarda na prisão o seu julgamento e virou estatística.

ALÉM DE HISTÓRIAS ISOLADAS

O fato de Jung e Nem terem se tornado traficantes pode ser visto apenas como fruto de uma fraqueza de caráter ou qualquer outra justificativa. Poderíamos dizer também que ambos eram pontos fora da curva. Ou poderíamos até mesmo contra-argumentar com exemplos de diversas outras pessoas que foram rodeadas por maus elementos e ainda assim não se tornaram indivíduos problemáticos. Sem dúvida, há variadas histórias de criminosos que passaram anos no presídio e viraram pastores, por exemplo.

O fato é que, tanto para afirmar uma teoria quanto para negá-la, tem razão quem critica generalizações a partir de histórias individuais como essas. Embora sejam boas fontes de inspiração e possam garantir belos discursos políticos, elas não servem para tirarmos conclusões gerais. Para isso, recorre-se a experimentos e estudos com uma amostra suficientemente grande de dados. É para isso que servem os economistas, que podem não entender diretamente do mundo do crime — ou de diversos outros mundos —, mas sabem como trabalhar com dados e tirar conclusões utilizando ferramentas como a estatística. E há quem tenha feito isso no mundo acadêmico.

Ao analisarem dados de 8 mil jovens que cumpriram penas em 169 instituições educativas no estado da Flórida, os pesquisadores norte-americanos Patrick Bayer, Randi Hjalmarsson e

David Pozen estavam interessados em descobrir se as amizades poderiam incentivar comportamentos criminosos. Jovens que já haviam sido presos poderiam ser influenciados pelas pessoas que conheceram no período de reclusão? A partir da análise dos crimes passados e da vida subsequente após o cumprimento da pena, descobriu-se que, assim como no caso de Jung, o efeito dos pares pode, sim, incentivar crimes como roubo, furto e tráfico de drogas. A explicação é simples: as interações sociais são fatores de primeira ordem no comportamento criminal. O convívio com pessoas de histórias comuns pode levar à criação e à expansão de redes criminosas.

Ou seja, desse ponto de vista (e apenas desse), a cadeia muitas vezes serve como um grande gerador de networking. Os pesquisadores, então, alertam: "Nossa análise sugere cautela na busca de estratégias que encarcerem mais jovens, uma vez que a exposição intensa a outros criminosos e delinquentes em presídios inapropriados pode incentivar comportamentos criminosos após a libertação".

Assim, a importância e a natureza das interações sociais no comportamento criminoso nos fornecem uma compreensão sobre o crime como um fenômeno econômico e social. O entendimento de como o conhecimento criminoso é propagado e como essas redes são forjadas deve ser usado para moldar as decisões em relação ao sistema de Justiça criminal. Qual seria, por exemplo, a melhor forma de agrupar indivíduos criminosos de forma a reduzir a reincidência futura.

Casos como o de Jung podem ser uma referência em questões abordadas constantemente. Por exemplo, a discussão sobre a maioridade penal é extremamente complexa, e não há dúvidas de que existem argumentos plausíveis a favor e contra essa medida. Mas, acima de tudo, casos como esses nos fazem questionar se o encarceramento de jovens que cometeram alguns delitos e profissionais do crime no mesmo local poderia apenas fabricar novos Jungs e novos Nems da Rocinha.

O FURACÃO KATRINA E O SEU DESEMPENHO ESCOLAR

Sabemos que aqueles que estão a nossa volta têm capacidade de influenciar más condutas em nossa vida. Foi essa a conclusão de um estudo feito na Flórida. Seria o oposto também verdadeiro?

Os economistas Scott Carrell e Richard Fullerton realizaram um estudo com 120 cadetes de uma mesma turma da Força Aérea Americana. Os cadetes tinham um convívio intenso, alimentavam-se juntos, participavam de competições esportivas, treinavam juntos e viviam juntos. Os economistas descobriram que um ponto a mais na média geral de determinada turma aumentava em aproximadamente 0,65 ponto a média de outro cadete.

Além das notas em sala de aula, os grupos mais bem preparados fisicamente também incentivavam o cadete a aumentar sua própria média dos testes físicos. Ou seja, há os Carlos Lehders do mal, mas também há os Lehders do bem, que podem estimular bons hábitos em nossa conduta. Por essa razão, é famosa a teoria de que somos a média das cinco pessoas mais próximas de nós.

Há uma ressalva, porém. Segundo o estudo, apenas dividir um mesmo quarto não é suficiente para trazer esse efeito benéfico. Para que esse efeito seja transmitido aos demais, é necessária uma convivência mais intensa. Um problema com esse estudo, no entanto, é que a amostra de cadetes da Força Aérea Americana pode não ser uma amostra aleatória, o que prejudica suas conclusões. Os cadetes podem ter alguma característica específica que fez com que a melhora nas notas tenha sido causada por outros motivos, e não pelo efeito dos pares.

Além disso, analisar a influência do efeito dos pares é extremamente difícil quando se tem a oportunidade de analisar apenas o desempenho de alunos ano após ano dentro de uma mesma turma. O aumento do desempenho poderia ter se dado, por exemplo, pelo aumento do desempenho da turma como um todo, graças a um excelente professor ou a uma melhoria na tecnologia do material utilizado em sala de aula. Assim, o ideal seria analisar o desempenho de um grupo de alunos novos que, por algum motivo, fosse introduzido no meio do curso e compará-lo com turmas que não tiveram alunos novos.

Economistas aproveitaram uma experiência natural como nunca antes. Em agosto de 2005, o furacão Katrina passou por vários estados norte-americanos, tornando-se o mais destrutivo da história do país. Cerca de 80% da cidade de New Orleans, na Louisiana, e também grande parte do Mississippi e do Alabama ficaram alagados. Apenas algumas semanas depois, o estado da Louisiana foi novamente açoitado, dessa vez pelo furacão Rita, que também afetou o Texas. Embora tenha atingido uma área menos populosa, esse segundo furacão também causou grandes danos à região. De uma maneira cruel e inesperada, os furacões Rita e Katrina forçaram mais de 1 milhão de norte-americanos a evacuar a região em um dos mais rápidos processos de emigração de famílias na história dos Estados Unidos.

Algumas áreas menos atingidas da Louisiana receberam grande volume de pessoas evacuadas. A capital do estado, Baton Rouge, recebeu mais de 200 mil pessoas, e Hammond acolheu mais de 10 mil, o que praticamente dobrou a população dessas cidades. Alguns grupos resolveram ir para outros estados que não foram afetados. Houston, no Texas, recebeu 75 mil pessoas, o segundo maior número a ser recebido por uma cidade.

Como resultado desse movimento migratório, as escolas tiveram que fazer grandes esforços para matricular as novas crianças a tempo. Cento e oitenta e oito mil estudantes foram forçados a se matricular. No entanto, enquanto Baton Rouge, Houston e outras cidades passaram a receber um grande número de crianças e foram vistas como exemplos de solidariedade, o fluxo desses novos estudantes passou a ser visto com preocupação pela população local. O medo deles era o efeito dos pares. As crianças das cidades atingidas vieram de escolas de baixo desempenho no país, e os pais das crianças locais começaram a temer que os filhos pudessem ser afetados negativamente por esse fluxo de crianças que apresentavam pior desempenho escolar.

Suponha que você seja um economista e queira avaliar se os pais deveriam mesmo estar preocupados, ou seja, se crianças com baixo desempenho escolar podem afetar o rendimento de seus filhos. A primeira opção seria introduzir alunos de baixo desempenho em escolas e então comparar seus resultados com os de escolas que não receberam esses alunos. Obviamente essa não parece uma saída possível.

A segunda opção seria comparar o rendimento dos alunos de uma mesma escola de baixo desempenho com outras instituições de melhor desempenho (uma escola chamada grupo de controle) em diferentes anos. Digamos que escolas de periferia tiveram resultados piores ao longo dos anos. Isso seria suficiente para afirmar que alunos de escolas ruins afetam os demais? Com certeza não! Não seria uma boa estratégia, pois esse desempenho pior poderia ser causado por diversos motivos. Por exemplo, a capacitação irregular dos professores dessas escolas, a baixa frequência escolar dos alunos, uma infraestrutura pior, o material com menos qualidade, entre inúmeros exemplos.

Mas, no caso do furacão, houve um evento inesperado, e o processo de deslocamento populacional aconteceu de maneira rápida e aleatória. Os estudantes não tinham a opção de selecionar escolas baseando-se em características preexistentes. Esse, sim, era um "experimento perfeito". Uma vez que os estudantes tinham sido alocados aleatoriamente, os pesquisadores poderiam comparar o rendimento das escolas que receberam novos alunos com o de escolas que não os receberam. Como essa recepção foi randômica, é de se esperar que as escolas (as do grupo de controle e as com novos alunos), na média, não eram muito diferentes entre si. Portanto, a diferença de desempenho da escola de um ano para o outro (em comparação com o grupo de controle) se daria somente em razão dos novos alunos. É difícil pensar em um evento que tenha provocado uma mudança tão grande, rápida e inesperada para analisar os efeitos dos pares como os furacões Rita e Katrina.

Com esse experimento natural, três professores norte-americanos analisaram os dados do distrito escolar de Houston e do Departamento de Educação da Louisiana, e se perguntaram: o fluxo de estudantes causado pelos furacões Katrina e Rita afetou a performance acadêmica e a disciplina dos alunos locais (aqueles que já estudavam nas escolas antes dos desastres)? Sim. A chegada de novos alunos de baixo desempenho piorou o comportamento e a assiduidade dos alunos locais. A boa notícia é que tanto maus alunos impactam negativamente uma sala de aula como bons alunos impactam positivamente.

Por quê? Por quais mecanismos ocorre esse fenômeno em sala de aula? Isso se deve principalmente aos canais de distribuição de conhecimento. Ou seja, em turmas melhores, alguns alunos passam a instruir os outros. Se há melhores alunos, essa transmissão de conhecimento é maior. Além disso, um elemento menos explorado é o fato de que também há uma mudança na atmosfera da sala de aula e nos recursos que os estudantes trazem de casa.

Três situações extremamente diferentes — a política de Tolerância Zero de Rudolph Giuliani, o caso de George Jung e o evento dos furacões Katrina e Rita — nos mostram a influência dos grupos. Mas quais lições podemos tirar de tudo isso? Algumas.

Em primeiro lugar, podemos atacar uma causa ou um problema maior apenas resolvendo eventualidades menores, como no caso da Tolerância Zero de Rudolf Giuliani. Em segundo, força de vontade e motivação intrínsecas são, sem sombra de dúvida, importantes para atingirmos nossos objetivos. No entanto, o ambiente que escolhemos inegavelmente também influencia nosso sucesso. Por último, podemos influenciar nosso destino simplesmente transformando o ambiente em que vivemos. Ele é o grande responsável pelo que nós somos.

8. Validação social: Por que nos importamos com a opinião dos outros?

A maioria das pessoas é outra pessoa. Seus pensamentos são as opiniões de outras pessoas; suas vidas, uma imitação; suas paixões, uma citação.

Oscar Wilde

Das 7h30 às 11h40 da manhã ela tinha aula, praticamente uma atrás da outra. Todos os dias úteis. Além das aulas no colégio, Verônica — um nome comprido demais para as bocas preguiçosas dos colegas, que logo o transformaram em simplesmente Vê — encontrava os amigos para os treinos de vôlei pelo time da escola três vezes por semana. Havia certa ansiedade nos momentos que precediam os treinos. Ninguém percebia, nem ela.

Era uma atividade lúdica para a maioria, mas não para Vê: os treinos eram levados com um foco e uma seriedade que às vezes faltavam em disciplinas mais complicadas como matemática e física. Não que fosse uma aluna ruim, estava entre as melhores, mas havia uma motivação curiosa nos treinos e jogos pelo time da escola que por vezes faltava em sala de aula. Nem mesmo ela entendia, embora, para ser justo, ela pouco se ocupasse em investigar as causas. Simplesmente havia algo de desafiador ali que acabava catalisando seu foco e sua dedicação. Verônica não era particularmente alta entre as companheiras de time, tampouco tinha a desenvoltura e a impulsão para cortar a bola com a velocidade e a precisão que se esperam de atacantes de vôlei. Mas ela sabia que tinha a destreza com as mãos, a inteligência espacial para elaborar jogadas mentais e, desde que a bola fosse razoavelmente bem colocada, executá-las com a precisão necessária para desmontar as chances de bloqueio do time adversário. Sim, ela era a levantadora do time. A centralidade da posição, o papel de arquiteto das jogadas do time afagavam seu ego. Gostava do jogo, da posição que ocupava, e jogava até nos dias em que não havia treino do time em um clube de vôlei do bairro. Mas não era isso que estava por trás de tamanha dedicação.

Carismática e grandalhona, Ana, a técnica do time da escola, era admirada por todas. Seu nome verdadeiro era Svetlana, mas quase ninguém na escola sabia. Natural da Rússia, migrou ainda pequena com os pais para o Brasil quando a União Soviética começava a dar sinais de colapso. Colocada na escola do bairro para onde os pais se mudaram assim que chegaram a Curitiba, Svetlana logo desenvolveu completo domínio da língua portuguesa. Ana tinha 1,90 metro de altura e, no vôlei, era um sucesso. Desde cedo, a elevada estatura a fez se destacar nos times das escolas que frequentou. Jogava muito bem e se tornou conhecida nas quadras da cidade. Aos 22 anos, mudou-se para São Paulo a convite de um dos poucos clubes profissionais que existiam no país. Aposentou-se como jogadora aos 32 e foi contratada para ser treinadora do time de vôlei de um dos colégios mais tradicionais de São Paulo com uma forte tradição esportiva. Estava lá havia dois anos.

Ana tinha um problema com Verônica. Não acreditava que ela reunia as habilidades para ser a levantadora titular do time.

"É... Ela levanta boas bolas, mas lhe falta habilidade para atacar e bloquear alto, falta versatilidade para essa menina", matutava a treinadora na privacidade de seus pensamentos. Seu julgamento se manifestava nos treinos e nos jogos amistosos preparatórios para a competição. Todas as jogadoras reservas tinham a chance de jogar um set inteiro, menos Verônica. A jovem entrava, fazia umas jogadas e, depois de alguns pontos, voltava para o banco. Ana acenava para Verônica com a mão erguida, à beira da quadra, em um sinal de "sai, sai". Não havia contato visual, nem sequer uma palavra de motivação ou agradecimento. Ana costumava tocar as mãos e falar *pasibo* para as outras jogadoras — uma corruptela de "obrigado" em russo que preservara de sua língua materna. Verônica acreditava que tinha o que precisava para ser a arquiteta do time. Sabia que era boa jogadora, mas precisava do reconhecimento da treinadora. O tratamento indiferente e o desprezo eram um combustível. Além dos treinos, passava horas, até tarde da noite, assistindo a vídeos de jogos de seleções europeias. Fazia anotações em um caderninho reservado para isso. Repetia mentalmente as jogadas de que mais gostava. Sua mãe tinha percebido os sinais de obsessão, mas entendia que aquilo era parte de um teste de afirmação, natural da adolescência.

Em um jogo amistoso contra uma escola rival, Verônica decidiu tentar uma dessas jogadas complicadas que tinha visto em um jogo da seleção russa. A jogada saiu errada e o time perdeu o set. A treinadora chamou o time e, na frente de todas as demais, deu um tapa na lateral da testa de Verônica: "Para de inventar, caramba, e faz o básico!". A motivação em buscar a validação da treinadora só aumentava. Longe dos olhos da treinadora, nos treinos no clube do bairro, Vê ensaiava com mais liberdade as jogadas diferentes e mais complexas que tinha estudado, sem deixar, claro, de seguir muitas das dicas de Ana. Nos treinos, o esforço começou a se pagar: seu time, mesmo reserva, começava a derrotar o time principal. As jogadas de Vê eram fundamentais para essa virada. Suas mãos eram habilidosas, sempre enganando o bloqueio adversário e deixando as atacantes praticamente sozinhas diante da rede. Dar um tapa e colocar a bola no chão da quadra adversária nessas condições era muito mais fácil.

Os jogos começaram e a escalação do time titular seria feita ali, minutos antes do primeiro jogo. A equipe formava um círculo ao redor da treinadora. Svetlana cedeu à evidência crescente nos últimos meses e escalou Verônica no time principal. E lá estava a validação, o reconhecimento que ela tanto buscava. Não só dos olhos e dos gritos dos colegas de escola e familiares das companheiras de time que costumavam ocupar um bom pedaço das arquibancadas do pequeno ginásio que recebia os jogos, mas também da treinadora. Claro que todas as jogadoras queriam um lugar no time. Mas era o esforço extra, obsessivo, de Verônica que intrigava. Obter o reconhecimento da treinadora, e não simplesmente jogar no time principal, era a fonte de toda aquela motivação desmesurada.

Por que buscamos o reconhecimento, a validação dos outros? No caso de Verônica, a busca por essa validação foi obtida à custa de sacrifícios pessoais — quantas coisas, afinal, ela poderia ter feito em todas aquelas tardes e noites gastas na busca obcecada por se aperfeiçoar e, após conquistar a titularidade no time, receber a aprovação da treinadora? Será que essa dependência da opinião alheia não passa de um resquício de nossa experiência na infância, quando usamos a aprovação materna e paterna como uma régua de adequabilidade de nossos comportamentos?

No capítulo 6 falamos de um estudo que evidencia que as pessoas valorizam status e, para sinalizá-lo, usam o consumo de bens considerados supérfluos — o prestígio entendido aqui como posição relativa na distribuição de renda. Há algo em comum tanto nessa história de consumo conspícuo como na história de Verônica. Nos dois casos, há uma influência sutil, mas poderosa, da opinião de terceiros sobre o comportamento dos agentes envolvidos: uma sacrificou tempo para ficar bem aos olhos da treinadora, os outros às vezes gastam mais do que podem para ficar bem aos olhos de um outro indefinido e impessoal.

Nem sempre nos deixamos influenciar pela opinião alheia por razões supostamente superficiais. Às vezes, ficamos abertos à influência de outras pessoas para nos aproveitarmos de um canal de aprendizado. Suponhamos que você esteja diante de uma daquelas máquinas de vários tipos de refrigerante ou de um refrigerador de supermercado com vários sabores de sorvete organizados por marca. É frequente nessas situações que usemos o sabor/marca mais escasso no refrigerador como um indicador de qualidade. Nesse exercício de buscar informação, acabamos reproduzindo algum grau de conformidade — uma forma de influência social na qual tendemos a nos comportar como as pessoas de certo grupo social.

Esse exemplo é menos pessoal e anedótico do que parece. Em 2006, os professores de economia Hongbin Cai, Yuyu Chen e Hanming Fang fizeram o seguinte experimento em uma rede de restaurantes em Beijing, na China. Cada pessoa ou grupo que aparecia nos restaurantes da rede era aleatoriamente colocada para jantar em um dos três tipos de mesa:

1) Uma mesa padrão, onde nenhuma informação era oferecida além daquela contida no (extenso) menu do restaurante;
2) Uma mesa onde havia uma pequena placa de plástico indicando, em ordem, o nome dos cinco pratos mais vendidos;

3) Uma mesa onde havia uma pequena placa de plástico indicando o nome de cinco pratos aleatoriamente escolhidos do menu.

O experimento ocorreu em treze locais da cidade. Em cada um, havia em média cinquenta mesas e todos os menus eram idênticos, com cerca de sessenta opções de refeições quentes. Ao final do experimento, Hongbin e seus colegas tinham coletado informações de mais de 6 mil pessoas que visitaram as unidades da rede de restaurantes e participaram, sem saber, fazendo a refeição em uma das três condições anteriores.

O resultado encontrado é surpreendente. As vendas dos cinco pratos mais populares aumentaram, em média, em torno de 13% e 20% entre os consumidores que sentavam às mesas com as placas indicando que tais refeições eram as mais vendidas. Nenhum aumento estatisticamente significativo foi observado na venda dos pratos que eram apresentados em destaque aos clientes, mas sem a informação de que estavam entre os mais pedidos (três dos cinco eram de fato os mais populares no local, mas isso não era revelado). O estudo mostrou ainda que a satisfação dos clientes com a experiência no restaurante era maior entre aqueles que se sentaram à mesa com a sugestão das refeições mais procuradas. Seguimos os outros também para nos informarmos. É algo que ajuda, diminuindo a dificuldade de decidir com pouca ou nenhuma informação. Era exatamente o que Daniel, o professor que encerrou o romance com a estudante numa escolha que lhe pareceu racional, fazia nos restaurantes que visitava. O resultado do experimento não ilustra uma trivialidade. Mais do que corroborar de forma mais rigorosa nossa tendência a seguir os outros, é uma evidência importante da possibilidade de aprendizado à distância, por mera observação. Não é pouca coisa saber que é possível acelerar a adoção de certas tecnologias e práticas apenas comunicando sua popularidade.

Foi exatamente isso que Robert Cialdini — famoso por seus livros sobre persuasão —, Vladas Griskevicius e Noah Goldstein observaram. Intrigados com o possível poder persuasivo de mensagens em cartões nos quartos de hotel convidando hóspedes a reutilizarem suas toalhas durante a estada, eles investigaram o que aconteceria se, em vez de falarem dos benefícios ambientais, as mensagens informassem que outras pessoas estavam colaborando com esse tipo de campanha.

No estudo, tudo o que fizeram foi colocar em cada quarto um cartaz informando quanto dos ocupantes prévios reutilizaram suas toalhas e, assim, adotaram uma atitude com mais consciência ambiental. As pessoas que se hospedaram nos quartos com essa informação tinham 26% mais probabilidade de reutilizar as toalhas do que os hóspedes em quartos com a mensagem padrão que apela apenas para os benefícios ambientais. Mais uma vez, não se trata necessariamente de seguir a esmo a opinião dos outros, mas de utilizá-la quando estamos incertos sobre como agir.

A história de Verônica e sua preocupação em obter o apreço de sua treinadora não são, como nesse caso dos hóspedes, uma tentativa de resolver uma incerteza sobre como se comportar, mas uma ilustração em um plano pessoal e diminuto, dado que envolve apenas uma pessoa com a força que a opinião de outros pode ter sobre nosso comportamento — ainda que a motivação para esses comportamentos varie bastante de situação para situação, de pessoa para pessoa. O que há de comum entre essas histórias é o poder persuasivo que terceiros podem ter sobre nós, frequentemente de forma sutil e despercebida. Provavelmente, nem Verônica, nem os hóspedes do hotel, nem os comensais do restaurante reconheceriam que suas escolhas estão sendo governadas pela opinião de outras pessoas.

REDES SOCIAIS E UMA REALIDADE *BLACK MIRROR*

Nem sempre a conformidade é um subproduto de aprendizado observacional. Às vezes, conformidade é uma questão de sobrevivência. Veja o caso, por exemplo, dos motoristas da Uber, aplicativo de celular que quebrou o monopólio dos taxistas no transporte privado urbano. A Uber permite que seus motoristas e usuários avaliem uns aos outros — muito embora o interesse aqui seja a opinião do lado dos consumidores, que avaliam os motoristas que prestam o serviço. Notas de 1 a 5 estrelas podem ser atribuídas, e motoristas mal avaliados são simplesmente desligados da plataforma. Ser querido, nesse contexto, é simplesmente vital, pois pode fazer uma diferença de dezenas de milhares de reais ao fim do ano.

Como seria se muito do que fazemos dependesse da avaliação social das pessoas com quem interagimos? Imagine um mundo onde podemos dar de 1 a 5 estrelas aos vendedores que nos atendem, aos colegas com quem trabalhamos, aos professores e alunos que temos, às pessoas com quem cruzamos na rua? A simplesmente todo mundo, o tempo todo, por absolutamente qualquer coisa. A uma foto bonita que postamos em nosso perfil na rede, uma atitude grosseira, um atraso no encontro marcado com um cliente, uma citação do livro que estamos lendo, as fotos de uma viagem, enfim, qualquer coisa. A ideia parece estranha, mas não de todo implausível. Porque é exatamente isso que, em alguma medida, já experimentamos no Facebook. Mas e se nesse mundo essas avaliações servissem para construir uma nota global de nós mesmos? Uns seriam 2,5 estrelas, outros, 4,2 estrelas, e os menos socialmente queridos estariam mais próximos de zero estrela. Não paremos aí: e se nossas notas fossem utilizadas para determinar se poderíamos voar de avião, o tipo de carro que poderíamos alugar, o modelo de financiamento imobiliário que teríamos ou até se seríamos dignos de ganhar uma carona? Ou seja, e se nossa nota social nesse grande Facebook do qual todos fazem parte fosse utilizada para determinar o tipo de bens e serviços a que teríamos acesso? Para determinar que classe de cidadão seríamos?

É precisamente nesse tipo de mundo que vive Lacie Pound, a jovem e bonita personagem obcecada em sua nota nessa realidade explorada em um dos episódios de *Black Mirror*, série da Netflix. Lacie planeja alugar um apartamento para não ter mais que morar com o irmão, que goza de nota social pior do que a dela. No entanto, para pagar o aluguel da cara moradia de luxo que escolheu, Lacie precisa ter uma nota acima de 4,5 estrelas. Após contratar uma consultoria especializada em traçar uma radiografia de sua nota social para criar um plano estratégico que eleve seu nível, Lacie recebe um convite para ser madrinha de honra de uma amiga popular e socialmente bem avaliada. É a oportunidade para conquistar a nota de que precisa. Embora a história contada no episódio trate de uma realidade distópica, há dois elementos nesse universo que são menos ficcionais do que talvez queiramos admitir.

O primeiro diz respeito à busca por aprovação social e à importância de associar-se a pessoas de status mais elevado. Jan Kornelis Dijkstra, professor do Departamento de Ciências Comportamentais e Sociais da Universidade de Groningen, Holanda, uniu-se aos colegas para pesquisar como é o processo de se tornar popular e querido entre os adolescentes do ensino médio. Eles obtiveram dados sobre as redes sociais que os estudantes haviam formado ao longo do tempo. Com tais dados era possível testar a importância da influência e da similaridade de popularidade social no processo de seleção entre os amigos. Os resultados sugerem que os alunos preferiam se associar a outros de status similar ou superior. O resultado ajuda a entender por que a popularidade dos adolescentes tendia a se reforçar e a se manter relativamente estável. Os autores também mostram como os adolescentes mais populares mantêm a popularidade se afastando de colegas de status mais baixo. Conquanto seja um único estudo, não há razão para acreditar que não exista certa ubiquidade no que foi observado aqui: buscamos ser queridos por associação aos que gozam de alguma forma de popularidade. Não é por acaso que artistas de TV e cinema recebem elevados cachês para associar seus nomes a produtos e comparecer a certos eventos.

O segundo aspecto é que já impusemos algum tipo de punição social àqueles que se desviam das normas sociais que praticamos. Xingamos publicamente políticos envolvidos em casos de corrupção e somos igualmente exaltados com aqueles que praticam alguma violação de trânsito. Não chegamos a ponto de manter uma nota pública e deduzir pontos por tais violações, restringindo o acesso de outros indivíduos a bens e serviços. Mas também não é óbvio que a existência de um sistema desses de notas em larga escala fosse inteiramente indesejável como a história parece querer sugerir — dado que gera um universo de relações padronizadas e pouco genuínas entre as pessoas. Um sistema de avaliação social que tivesse tamanha importância em nosso acesso a serviços e nossas relações de trabalho poderia gerar algum grau de normatização civilizatória do uso dos espaços públicos. Poderia também, pela importância que teria, dar origem a um mercado de "likes" que, se legalizado, teria interessantes implicações sobre a distribuição de renda. Não é nada muito diferente, em certo sentido, de como funciona a determinação de cachê de artistas e celebridades nos mais variados segmentos pela sua participação em eventos publicitários de inúmeras plataformas. Mas estamos apenas especulando aqui, dado que as implicações completas e os efeitos líquidos de um sistema desses em nossa vida são muitos difíceis de prever. O ponto é que mecanismos similares já operam em nossas relações. E algo muito similar ocorre dentro do universo de nossa mais famosa rede social, o Facebook.

Considerando, aliás, que o Facebook fatura pela audiência que tem e que a audiência depende do conteúdo que divulgamos e da abrangência de visualização que esse conteúdo terá (ou seja, do número de amigos na rede de cada um), vale perguntar o seguinte: por que criamos conteúdo para o Facebook?

POR QUE CRIAMOS CONTEÚDO PARA O FACEBOOK?

Alívio. Senso de cooperação. Deve ser mais ou menos assim que muita gente que comenta no Facebook se sente ao publicar em sua timeline suas ideias, opiniões e frustrações sobre os mais variados assuntos. Mas não se trata apenas de um exercício, talvez terapêutico, de expurgo e divulgação de ideias. Há também os que apenas fazem uma espécie de trabalho de curadoria, compartilhando notícias, músicas, vídeos engraçados e toda sorte de material encontrado na rede que julgam interessante — e raramente duvidamos de que o que nos agrada é interessante.

É bem provável, aliás, que esse trabalho de curadoria representasse a funcionalidade central do Facebook na visão de seus criadores: ser uma espécie de revista com conteúdo selecionado por quem mais provavelmente compartilha nossos interesses e preferências, ou seja, nossos amigos e familiares.

Esse serviço de garimpagem pode ser visto como um bem público, pois contribuiríamos todos com esse esforço procurando coisas interessantes da internet para a construção desse jornal ultrapersonalizado. Quanto mais coletivo e generalizado fosse esse esforço, melhor, mais diversificado e rico seria esse canal de notícias continuamente atualizado que o Facebook tem também a intenção de ser.

É verdade que, na prática, as coisas não funcionam assim. Nem todo mundo que está em sua rede de amigos acaba de fato contribuindo com o conteúdo de sua timeline, nem todo conteúdo que aparece é necessariamente algo de seu interesse. Mas nisso reside algo curioso, pois a falta de contribuição de muitas pessoas não desestimula outras a gerar conteúdo com frequência. É provável que você não veja nada de estranho nisso. Afinal, por que esperar que todos os usuários fossem ativos? Como é comum, talvez uma fração relativamente pequena de seus amigos seja responsável pela geração de uma fração relativamente grande dos posts que aparecem em sua timeline.

Fora do universo do Facebook, essa prática de apenas consumir o que outros oferecem e não fazer o mesmo tem efeitos claros e conhecidos: as contribuições cessarão e o serviço simplesmente deixará de existir. Em economia, chamamos isso de "o problema do carona", e é ele que está por trás da obrigatoriedade de muitos impostos que pagamos para financiar a oferta de certos serviços públicos. É, portanto, absolutamente curioso que a atitude de "pegar carona" não inviabilize o Facebook da mesma forma que inviabiliza a oferta privada de certos bens e serviços. Há uma longa literatura experimental sobre cooperação e bens públicos nos quais já está bem documentado que, sem algum mecanismo de coerção/punição, a provisão de bens públicos raramente se sustenta diante da percepção de que nem todos estão contribuindo com algum tipo de esforço para sua oferta. Sabe-se também que a atitude cooperativa é condicional. Se há muitos *free riders*, os cooperadores simplesmente desistem de contribuir.

Por que então a falta de cooperação de muitos em garimpar conteúdo para o Facebook não provoca, de forma gradual, a desistência dos relativamente poucos usuários que cooperam, levando a plataforma, enquanto bem público, a um contínuo declínio? Há, é claro, uma infinidade de possíveis explicações para o fenômeno. Uma resposta de natureza econômica um tanto simples é que algumas pessoas simplesmente veem utilidade nessa contribuição unilateral. Seriam os tipos altruístas com os quais a rede social se sustenta. O funcionamento da rede estaria então explorando a heterogeneidade de "tipos" da população, na qual algumas pessoas gostam da ideia de ser os mantenedores de um bem público que todos consomem.

Outra explicação, mas de natureza mais psicológica, é que algumas pessoas simplesmente gostam da atenção que uma postagem pode gerar. Não haveria, portanto, nada de altruísta no ato de postar conteúdo. Você seria pago na forma de "likes", a moeda da atenção no universo do Facebook. Um nível exagerado dessa busca por atenção é classificado pelos psicólogos como um transtorno de personalidade histriônica. Postar na rede de forma regular e quase incessante — há sempre algumas pessoas que parecem morar dentro da rede, tamanha é a frequência com que publicam algo —, independentemente do conteúdo, pode ser apenas um mecanismo para lidar com a sede por atenção. Imagina-se que 1,8% da população tenha esse transtorno de personalidade.

Se os usuários do Facebook forem representativos da população mundial, estamos falando aí de 30 milhões de pessoas gerando conteúdo independentemente do esforço de quase 1,7 bilhão de pessoas. No Brasil, levando em conta que temos cerca de 92 milhões de usuários, seriam 1,6 milhão de pessoas gerando quase todo o conteúdo de nossa timeline. É bastante gente para manter um bem público.

Não há fórmulas exatas para ser querido e ganhar popularidade. É algo incerto e meio elusivo. Nem por isso essa busca cessará de ter apelo. Estão aí as tribos de adolescentes com códigos de vestimenta e atitudes para ilustrar isso. Popularidade confere status social, e status social confere algum tipo de privilégio sobre recursos escassos. Nessa busca por ser adorado e aceito, acabamos seguindo o comportamento da maioria. Perdemos com isso um pouco de nossa singularidade emotiva e comportamental, mas também facilitamos nossa vida no processo complicado e nebuloso de navegar contextos de escolha tão novos quanto distintos.

9. Como as emoções afetam nossas decisões?

As emoções ensinaram a humanidade a raciocinar.

Luc de Clapiers

Daniel era consumido pela indecisão. Pelo menos naquele instante era assim que se sentia. Estava dividido entre a profusão de sentimentos que emergiam quando considerava as escolhas que tinha diante de si: ceder à força do amor que surgia entre ele e Catarina ou cessar o relacionamento antes que fossem descobertos e os efeitos sobre sua carreira, tão custosos quanto certos, se materializassem? Qualquer que fosse a direção a tomar, algum sofrimento parecia inevitável.

Daniel não era propenso à contemplação prolongada dos dilemas que costumam se entrelaçar em nossas escolhas. Odiava incertezas. Nos restaurantes, tinha o hábito de sempre entrevistar o garçom antes de passar os olhos sobre o cardápio.

"Boa noite, tudo bem?", perguntava despretensiosamente ao garçom, sem esperar nada muito além de uma resposta curta e convencional.

"Tudo bem", respondia o garçom, com um entusiasmo pouco sincero.

"Qual a entrada e o prato principal que mais saem aqui?", perguntava Daniel.

"Salada de folhas com figo grelhado, queijo gorgonzola e presunto cru de entrada, e o prato que mais sai é o de paleta de cordeiro assada com legumes ao molho de ervas", respondia prontamente o garçom.

E essa foi a opção que Daniel escolheu. E quase sempre era assim: qual fosse o pedido mais popular era sua escolha também. Não queria "errar" e tampouco gastar tempo tentando adivinhar o sabor e a aparência das inúmeras opções do menu.

Barry Schwartz, psicólogo americano, tem uma teoria que talvez explique o comportamento apressado e objetivo de Daniel nos restaurantes. No livro *O paradoxo da escolha*, Schwartz argumenta de forma persuasiva que a abundância de opções pode ser uma fonte de depressão e angústia. Na ânsia de averiguar com alguma seriedade todos os cursos de ação possíveis nas escolhas diárias com que nos deparamos, acabamos psicologicamente sobrecarregados e aumentamos o risco de nos sentirmos insatisfeitos com as escolhas que fazemos. Reduzir as opções, adotando regras que simplifiquem e agilizem a tomada de decisão, teria, portanto, o efeito de mitigar o desconforto mental de avaliar tanta variedade — ainda que tivesse como subproduto o efeito de nos distanciar do que seria um processo irrestritamente otimizado de escolha. Não queremos, talvez, fazer a escolha ótima, apenas fazer uma escolha satisfatória, como preconizava Herbert Simon, economista, psicólogo, cientista da computação e ganhador do Nobel de Economia em 1978 por suas contribuições para a área de tomada de decisões e, em particular, suas ideias sobre racionalidade limitada. A escolha de Daniel parece preguiçosa e desinteressada, mas teria uma estratégia subjacente absolutamente racional. Era como gostava de pensar suas decisões: racionais. Sempre.

Professor recém-contratado do departamento de estatística da universidade mais antiga e com a melhor reputação do país, Daniel estava sempre pensando em trabalho. Passava quase o tempo todo imerso no mundo do raciocínio disciplinado e lógico da matemática, no qual os problemas se resolviam de forma direta e sem a influência de nenhum tipo de emoção. Mas Daniel tinha agora um problema intrincado sem solução aparente e totalmente carregado de emoções.

Catarina era aluna do terceiro ano do doutorado. Considerada brilhante entre os alunos daquela safra, ela destoava das demais estudantes em extroversão e simpatia — era sorridente, bem-humorada e comunicativa. Ninguém falava abertamente, mas Catarina tinha um corpo escultural. No universo acadêmico, no qual a régua da habilidade cognitiva mede as pessoas, havia certo desprezo pela aparência. Mas a elegância de Catarina não passava despercebida.

Cerca de um ano antes, Catarina procurou Daniel para que ele fosse orientador de sua tese. Como já sabia dos rumores acerca da inteligência de Catarina, Daniel aceitou sem grande hesitação. Logo após a reunião, Daniel, sozinho em sua sala, tentou suprimir qualquer pensamento que o fizesse desconfiar que foi outra coisa — e não a interseção de interesse de pesquisa e a inteligência de Catarina — que governou sua decisão. Mas era difícil não se encantar com a beleza de Catarina.

Depois que aceitou orientá-la, os dois começaram a se encontrar a cada três semanas. Ela entremeava as conversas "técnicas" com as dificuldades pessoais que enfrentava para fazer o trabalho — as noites de pouco sono, o isolamento, a distância da família. Daniel simpatizava com tudo aquilo e oferecia uma ou outra palavra de conforto. No silêncio que às vezes se estabelecia entre os dois enquanto pensavam em alguma questão da tese, os olhares se encontravam: ela esperando uma resposta, ele pensando em uma. Certo dia, os lábios que tocavam o rosto um do outro para um beijo cordial de despedida, como sempre faziam ao fim de cada reunião, inesperadamente se encontraram no meio do caminho. Isso se repetiu em outras reuniões. E não demorou para que começassem a se encontrar na casa um do outro. Estavam apaixonados.

Havia ternura e amor em como falavam entre si, mas também muito medo. Daniel sabia que sua carreira estava em risco. Embora o regulamento da universidade não falasse nada sobre relações amorosas entre professor e aluno, sua reputação e a de Catarina ficariam seriamente abaladas se a história se tornasse pública. E ficava cada vez mais difícil esconder o que se passava entre os dois.

O fim de semana tinha sido esplêndido. No domingo, por exemplo, passaram toda a manhã num parque que havia perto do campus, deitados um ao lado do outro, trocando carícias e impressões do livro que liam ali deitados. Para Daniel, o momento era uma despedida. Na manhã da terça-feira, Catarina recebeu um e-mail de Daniel lhe comunicando que não podiam mais se encontrar, que ele não seria mais seu orientador e que outro professor seria indicado para substituí-lo. Eles nunca mais se viram.

Daniel se convenceu de que tomara uma decisão racional — afastar-se da paixão que parecia nublar seu pensamento. Será que, ao tentar bloquear a influência das emoções — da paixão e do afeto por Catarina —, Daniel tomou a melhor decisão?

O PAPEL DAS EMOÇÕES NAS NOSSAS DECISÕES

Daniel pode estar equivocado, mas não está sozinho na avaliação de que uma decisão verdadeiramente "racional" não se sujeita à influência das emoções, com frequência descrita como nociva. Há alguma razão em pensar assim. Hoje, existe uma infinidade de pesquisas científicas que indicam que fatores viscerais como emoções negativas (ansiedade e medo), desejos (fome, sede, sexo) e sensações físicas (dor) são capazes de alterar nossas escolhas de forma veloz e irregular. É o oposto do que uma escolha racional e ancorada em preferências genuínas, supostamente estáveis e consistentes, deveria parecer: clara, certa e imutável diante de pequenas alterações no contexto. Mas será possível remover as emoções de nossas decisões, ou elas são uma parte indissociável, e talvez útil, de nossas escolhas? E se escolhas livres de emoção não forem possíveis, será que ao menos conseguimos controlar que tipos de emoções guiariam nossa tomada de decisão?

É comum interpretarmos nosso comportamento como o produto de uma escolha deliberada, provocado por processos cognitivos sofisticados e feitos na transparência de nossa consciência. Ignoramos o papel de fatores viscerais como o medo, o desejo e a dor. E, mesmo quando percebemos a presença deles, tendemos a nos convencer de que sua influência é incidental, provocada por detalhes do contexto que provavelmente terão pouca relevância para a nossa satisfação quando as consequências da decisão se materializarem. Tentamos, portanto, isolar nossas escolhas de emoções imediatas — sem entrar no mérito aqui do quão bem-sucedidos somos nessa tarefa.

Não por acaso o papel das emoções em nossas escolhas foi por muito tempo negligenciado pela economia — uma disciplina central, ao lado da psicologia, nas teorias de decisão. É verdade que nem sempre foi assim, e autores do século XVII, como Adam Smith e Jeremy Bentham, davam às emoções um papel de destaque nos manuscritos de teoria econômica que escreveram. Mas a emoção parecia algo fugaz e imprevisível, de difícil teorização, para que coubesse nas abordagens mais formais que foram se consolidando na disciplina ao longo dos dois séculos seguintes. E, de fato, muito da teorização feita por economistas sobre como decidimos ainda reflete uma visão *consequencialista*. Trata-se de uma visão que enxerga nossas decisões como produto de uma conta matemática que pondera, de um lado, a satisfação (ou utilidade) das consequências e, de outro, a probabilidade de cada consequência acontecer. As emoções não fariam parte dessas contas matemáticas subjetivas, de modo que as escolhas seriam um processo puramente cognitivo, como contas matemáticas costumam ser.

Em anos recentes, no entanto, o papel das emoções nas escolhas começou a ser pesquisado de maneira mais sistemática e frequente por pesquisadores nas mais diversas áreas — psicologia, economia e neurologia, por exemplo. Hoje, a compreensão comum entre os que pesquisam o tema é de que as emoções são forças importantes que governam nossas principais decisões. Mais do que isso, entende-se hoje que as emoções podem, na verdade, ser benéficas às nossas decisões, produzindo escolhas melhores do que seriam se nosso processo decisório fosse governado *apenas* pela razão.

DECISÕES SEM EMOÇÕES E O EFEITO CONTAMINAÇÃO

Emoções nos guiam sobre a desejabilidade das opções com as quais nos deparamos no processo contínuo e diário de fazer escolhas — desejabilidade aqui entendida como o grau de satisfação esperado com as consequências das opções a nossa frente. Nesse sentido, as emoções serviriam como uma espécie de guia que, ao prover algum tipo de reação afetiva sobre as possíveis deliberações envolvidas em um dilema, nos ajuda a fazer escolhas mais equilibradas. É uma hipótese que, se correta, tem uma implicação clara: se fôssemos incapazes de sentir emoção, faríamos escolhas piores.

A ideia de que as emoções são parte necessária e importante do processo decisório é mais revolucionária do que parece. Ela desafia a forma *consequencialista* como as decisões são construídas nos modelos da ciência econômica, na medida em que dá um papel de protagonista às emoções. É como se as emoções fossem os pneus que fazem o carro — nossa cognição — andar.

A ideia de que as emoções são parte integral de um processo racional de escolha desafia também a forma como elas foram tratadas na história de nossos grandes escritores. Oscar Wilde, por exemplo, expressou preocupação com a influência das emoções em nossa vida: "Eu não quero ficar à mercê das minhas emoções. Eu quero usá-las, aproveitá-las e dominá-las".

António Damásio e seus colegas se puseram a testar a teoria. Damásio é professor de neurociência, psicologia e filosofia da Universidade da Carolina do Sul, nos Estados Unidos, e tem dedicado boa parte de sua vida profissional a entender o papel das emoções em nossas escolhas. Ele é certamente um dos pesquisadores mais prolíficos do mundo no assunto. Mas como testar tal ideia? Damásio e os colegas sabiam que indivíduos com certas áreas danificadas do cérebro eram incapazes de sentir emoções — danos nas áreas pré-frontal do córtex e na amígdala, uma seção em forma de amêndoa na parte inferior do cérebro responsável pela regulação de nosso comportamento sexual e pelo conteúdo emocional de nossas memórias. Investigar o processo decisório de indivíduos com esse tipo de lesão cerebral e, portanto, emocionalmente deficientes oferecia uma oportunidade de entender um pouco como as emoções afetam nossas escolhas. Em um estudo experimental, Damásio e os colegas compararam escolhas que envolviam risco de um grupo de pacientes sadios, como um grupo de controle, com as de um grupo de pacientes com lesões cerebrais que os impediam de sentir algum tipo de emoção ou tinham essa habilidade reduzida. Os pacientes tinham idades entre dezenove e 58 anos, entre oito e dezoito anos de educação e QI entre 88 e 116. Os participantes com lesões cerebrais fizeram escolhas mais arriscadas, inclusive ao ponto de falência — mesmo entendendo que não estavam tomando as melhores decisões possíveis. A explicação é que esses indivíduos não experimentam as sinalizações emocionais que levam pessoas sadias a sentir um relativo medo de correr riscos — ainda que o mecanismo seja diferente entre os dois tipos de lesões investigadas. O resultado, repetido em outros estudos, ofereceu suporte empírico para o entendimento hoje comum de que as emoções ajudam em nossas decisões. Como essas reações emocionais são mais rápidas do que as avaliações cognitivas, acredita-se que elas sirvam para oferecer alguma avaliação inicial das opções que temos quando estamos diante de um problema de escolha ou mesmo para "pôr foco" em nosso raciocínio em aspectos prioritários, como quando a ansiedade causada por um trabalho escolar que precisa ser entregue em poucos dias nos ajuda a decidir como alocar o tempo nesse prazo apertado.

Emoções tendem a provocar reações comportamentais e fisiológicas tão fortes que podem permanecer presentes mesmo em escolhas diferentes e não relacionadas à escolha que deu origem à emoção. É como se as reações emocionais, uma vez existentes, saíssem contaminando boa parte das escolhas subsequentes que fazemos. Assustador, não?

Esse efeito parece explicar algumas situações intrigantes de nosso dia a dia. Quem nunca, por exemplo, ficou sem entender as discussões entre parceiros (namorados ou casados) que parecem surgir do nada, mas que, talvez não coincidentemente, surgem no mesmo período em que um ou ambos estão passando por momentos de estresse e conflito no ambiente de trabalho? Quem também nunca ficou sem entender o mau humor de uma atendente de guichê de aeroporto ou de um telefonista de call center mesmo quando somos afáveis e educados? O que esse "efeito contaminação" das emoções sugere é que a raiva causada pela interação com um cliente — que foi grosseiro, por exemplo — produzirá um motivo para descontar a raiva em outros indivíduos que nada tiveram a ver com o episódio inicial.

A influência do humor em nosso julgamento é tão comum que é capaz de se manifestar em níveis mais agregados de comportamento. Em dias ensolarados, por exemplo, os indicadores diários da bolsa de valores são sistematicamente melhores. E isso não é específico de um ou outro país com relativamente pouca incidência de luz: a correlação foi documentada em 26 países, incluindo da América do Sul. Curiosamente, um bom volume de negócios não é a única coisa com a qual a quantidade de luz solar está correlacionada. Muito antes dessa descoberta, estudos feitos por psicólogos já relatavam a existência de uma correlação da luz solar com outros comportamentos, como a quantidade de gorjetas recebida e a incidência de depressão e suicídio — a relação entre luz solar e comportamento está, ao que tudo indica, mediada pelo efeito que a exposição à luz tem na produção de hormônios neurotransmissores, como a serotonina, que regula humor, ansiedade, libido e até o funcionamento do intestino.

Como o comportamento do mercado de ações é produto da decisão individual de muitas pessoas, é provável que nossos estados emocionais se transmitam a outros numa espécie de contágio. Em 2013, o Facebook realizou um experimento com mais de meio milhão de usuários da rede no qual manipulava o conteúdo emocional das mensagens que apareceriam na timeline das pessoas. Reduzia a quantidade de mensagens negativas para um grupo e de mensagens positivas para outro. Os resultados mostraram que aqueles que visualizavam menos posts com conteúdo positivo passaram também a escrever menos posts com conteúdo positivo e mais posts negativos. O oposto ocorreu com os que receberam postagens com menos conteúdo negativo. A realização do experimento, sem que os usuários soubessem que dele participavam, gerou uma massiva reação negativa da imprensa. É provável que o Facebook pense duas vezes antes de fazer novos experimentos psicológicos entre seus usuários, não tanto pelas questões de privacidade e consentimento — provavelmente obtido nos "termos e condições" minúsculos que nunca lemos —, mas pelos próprios resultados do estudo, que mostram que nosso humor pode ser contagioso! Dado que nossos estados afetivos modificam nosso comportamento real, esse é o tipo de experimento que pode ter repercussões sérias demais para ser feito em uma escala tão grande. Não por acaso o Facebook pediu desculpas e, desde então, nunca mais soubemos de experiências similares dentro da rede social.

PODEMOS CONTROLAR NOSSAS EMOÇÕES?

A fotografia que temos hoje da função das emoções é bem diferente da crença comum de que sua influência é estritamente nociva. As emoções são guias importantes de nosso comportamento, verdadeiras muletas decisórias que nos ajudam a fazer uma rápida avaliação das opções disponíveis diante de um problema. É igualmente útil quando navegamos no universo social, identificando intenções, construindo relações e resolvendo conflitos interpessoais. Até mesmo emoções negativas, como medo e raiva, podem ser valiosas, na medida em que sinalizam a existência de alguma ameaça e nos levam a um nível maior de vigilância e raciocínio sistemático.

Mas as emoções também podem atrapalhar — não ajuda muito, por exemplo, tomar decisões de investimento em meio à ansiedade. E os psicólogos mapearam algumas estratégias que, segundo as evidências, ajudam a mitigar os efeitos mais nocivos das emoções em nossas escolhas. Algumas são intuitivas e prontamente identificadas como formas óbvias de não deixar as emoções nos causarem problemas. Outras nem tanto. Falaremos de três.

A primeira é simplesmente deixar o tempo passar. Sim, dar um tempo. É a forma mais simples de sairmos de um estado emocional que parece incidental e contraprodutivo. Não é por acaso que, no meio de uma discussão acalorada de um casal, é sempre recomendável dar um tempo para esfriar a cabeça. Mas implementar esse tipo de estratégia é mais difícil do que parece. São comuns os casos de assassinato passional entre parceiros quando um descobre que estava sendo traído. Elize Matsunaga, por exemplo, matou com um tiro à queima-roupa e esquartejou o corpo do marido depois de descobrir sua traição. Não reagir de forma claramente emocional, no calor do momento, parece ser a coisa certa a ser feita. Mas esperar por um estado neuronal em condições normais diante de situações como essa parece violar alguma lógica interna desses estados emocionais, que demandam algum tipo de resposta comportamental. Tomada de ira, a mulher matou o marido. Em seu julgamento, ela se disse arrependida e, chorando, arrematou: "Eu não estava normal naquela hora". Não se sabe se isso foi uma atenuante. Pelo assassinato, Elize foi condenada a dezenove anos e onze meses de prisão.

A segunda estratégia seria simplesmente reavaliar o evento que produziu as emoções. A ideia aqui é diminuir o aspecto negativo e aumentar o aspecto positivo do evento. Parece autoengano, mas na verdade é uma forma de colocar as coisas em perspectiva. Um exemplo dessa estratégia aparece no filme *Amor sem escalas*. No filme, George Clooney faz o papel de um funcionário de uma consultoria de recursos humanos especializada em ajudar empresas que estão reduzindo seu tamanho. Ryan Bingham, o personagem de Clooney, procura aliviar o desespero que muitos funcionários experimentam quando descobrem que estão sendo demitidos. Ryan tenta reavaliar o evento e controlar o estresse emocional que a demissão geralmente causa, induzindo as pessoas a enxergar esse fato como uma oportunidade de realizar outros objetivos de vida.

É possível também minimizar os efeitos indesejáveis das emoções em nossas decisões induzindo outro estado emocional. É como se tentássemos nos inocular do antídoto emocional que contrabalançasse o estado afetivo corrente, gerando, espera-se, tendências diferentes no processo de decisão. David DeSteno e colegas, por exemplo, observam que vários estudos documentam como estados de tristeza tendem a exacerbar a impaciência em escolhas financeiras, mesmo quando a tristeza não está relacionada à tomada de decisão com a qual nos deparamos. Eles testam a hipótese de que experimentar emoções positivas é capaz de atenuar nossa tendência a ser impacientes ou, no jargão dos economistas, a descontar o futuro de forma relativamente pesada — que é o que fazemos quando, por exemplo, preferimos receber duzentos reais agora em vez de trezentos reais amanhã, mas preferimos trezentos reais daqui a um ano e um dia em vez de duzentos reais daqui a um ano. Também estudam, em particular, o papel da gratidão na redução de nossa impaciência.

No experimento, os participantes são induzidos a certos estados emocionais com o chamado método de lembrança autobiográfica, através do qual são solicitados a relembrar acontecimentos que os fizeram se sentir gratos ou felizes. Os resultados confirmam que indivíduos levados a experimentar gratidão fizeram escolhas, entre opções com consequências em diferentes momentos do tempo, que revelam menor taxa de desconto. Isto é, demonstraram mais paciência em rejeitar gratificação instantânea em favor de uma gratificação monetária maior no futuro.

A estratégia de controlar uma emoção indesejada tentando nos manipular para gerar uma emoção contrária — como quando fazemos coisas arriscadas em busca de uma "adrenalina" que mitigue um estado emocional de tristeza — parece ser o que está por trás da decisão de Daniel e sua opção pelo racional.

Ao se distanciar de Catarina, Daniel empregou a estratégia de supressão emocional, pois, com esse afastamento abrupto, esperava também se ver livre da paixão que sentia. Infelizmente, como alguns estudos indicam, tentativas de suprimir estados emocionais são frequentemente improdutivas e cognitivamente custosas.

Já vimos que a ideia de extrair as emoções de nossa decisão é ilusória. Daniel com certeza ficaria triste em saber que sua decisão foi muito mais emotiva do que ele gostaria de acreditar. Sua decisão foi tão emocional quanto teria sido a escolha de continuar o relacionamento com Catarina. A ansiedade e o medo, emoções que sentimos diante de muitos dilemas, disparam reações físicas que influenciam nossa tomada de decisão. Foi o medo, afinal, que governou em grande medida a decisão de Daniel. Curiosamente, quanto mais complexo é o problema de decisão, maior é o risco de que nossos processos cognitivos se sobrecarreguem e as emoções, por associação com experiências passadas, passem a resolver algumas incertezas e a guiar nosso processo de escolha. Desistir de Catarina foi mais emocional do que Daniel gostaria de acreditar.

10. Você se importaria se eu pegasse mais?

> *Não é surpresa que deve haver uma luta no homem entre seus instintos sociais, com suas derivadas virtudes, e seus mais baixos, embora momentâneos, desejos e impulsos mais fortes.*
>
> Charles Darwin

Charles Darwin não poderia ter sido mais preciso ao descrever como o ser humano se divide entre seus instintos sociais e seus impulsos momentâneos. Entre o egoísmo e o altruísmo. Entre o individual e o coletivo. O eu e o nós. Ainda que alguns não assumam essa dualidade interna, ela existe.

Se perguntássemos a cem pessoas aleatórias se elas se consideram invejosas, quantas responderiam que sim? Certamente quase nenhuma. Ninguém se autodenomina uma pessoa invejosa. Mas, se perguntássemos a cem pessoas se elas conhecem alguém que consideram invejoso, com certeza muitos diriam que conhecem.

Essa "incoerência" soa muito estanha. É fácil perceber, portanto, que, por mais que alguém jamais se autodenomine invejoso, a inveja é uma característica comum nas pessoas. Mais do que isso, é bem provável que haja mais inveja em si do que você mesmo imagina. Pelo menos é o que dizem alguns experimentos sociais.

O Jogo do Ultimato é um experimento econômico desenvolvido em 1982 por três economistas alemães. O experimento simulava uma espécie de negociação e testava o lado egoísta do comportamento humano. O jogo é representado na seguinte história.

Antônio e Joaquim são colocados em uma pequena sala com uma mala contendo 10 mil reais. O dono dessa mala é o sr. Rodolfo. Ao entrar na sala, Rodolfo anuncia: "Vou lhes dar todo o dinheiro que está nesta mala, mas com a seguinte condição: vocês dois têm que chegar a um acordo sobre como dividi-lo. Antônio (jogador 1) deve fazer uma oferta simples a Joaquim (jogador 2) de como dividir o dinheiro entre os dois. Joaquim dirá sim ou não". Se a proposta de Antônio for aceita por Joaquim, o negócio é fechado e cada um fica com a quantia combinada. Se a proposta for rejeitada, ninguém ganha nada e ambos vão para casa com o bolso vazio.

Assim que o jogo começa, Antônio (o jogador responsável por fazer a oferta) percebe a oportunidade de ouro. Ele, que se julga com elevado senso de coletividade, se vira para Joaquim e diz: "É simples, você pega metade e eu a outra metade. Assim, cada um de nós terá 5 mil reais". Para sua surpresa, Joaquim (aquele que vai dar a palavra final) franze a testa e diz com uma firmeza assustadora: "Olha, não sei quais são os seus planos para o dinheiro, mas eu não pretendo sair desta sala com menos de 9 mil reais. Se você aceitar, tudo bem. Se não, nós dois podemos ir para casa sem nada, eu não me importo".

Antônio mal podia acreditar! Ele pergunta a si mesmo: "Como Joaquim pode agir dessa maneira? Por que ele tem que ter 90% do dinheiro e eu apenas 10%?". Ele tenta mais uma vez convencer Joaquim a aceitar sua visão: "Vamos ser racionais, estamos na mesma situação, ambos queremos o dinheiro. Vamos dividir o dinheiro de forma igual e nós dois vamos sair no lucro". Joaquim, apesar de tudo, não parece convencido pela lógica do amigo. Ele escuta com atenção, mas, quando Antônio termina de falar, ele diz com ainda mais ênfase do que antes: "Vai ser 90-10 ou nada. Se você me oferecer menos do que 90%, eu recuso a oferta".

Antônio, extremamente irritado, não quer ceder e cogita continuar oferecendo 50%. Mas, pensando bem, ele percebe que Joaquim não vai aceitar e que a única maneira de ele deixar o quarto com algum dinheiro é dar a Joaquim o que ele quer, nesse caso os 9 mil reais. Antônio ajeita a roupa, leva mil reais na mala, aperta a mão de Joaquim e sai da sala humilhado.

A atitude de Joaquim soa bastante egoísta, certo? Exigir 9 mil reais quando cada um poderia ficar com metade do valor. A verdade é que Antônio não tinha alternativa senão aceitar a condição hostil do "amigo". Mas, pensando bem, Antônio não deveria ficar incomodado com isso, já que saiu do jogo melhor do que havia entrado, não é mesmo? Então, por que Antônio se sentiu mal mesmo estando "mais rico" no fim do jogo? Seria a inveja de ver que o amigo ganhou muito mais do que ele? Embora ele possa negar, é bem provável que sim. Antônio talvez esteja mais preocupado com o resultado do amigo do que com o próprio ganho. Apesar disso, mesmo Joaquim pedindo 9 mil reais, Antônio não teve outra escolha senão ficar com os míseros mil reais.

Apesar de tudo, segundo a teoria dos jogos, Antônio, ao ceder ao pedido do amigo, tomou uma decisão racional. A teoria dos jogos é o ramo da matemática aplicada que estuda situações estratégicas nas quais as decisões de um jogador afetam nossas decisões. Antônio, o jogador que fez a oferta, agiu racionalmente e deveria aceitar a contraproposta do amigo, uma vez que é muito melhor mil reais do que nenhum real. Sabendo que Antônio aceitaria a contraproposta, pois estaria em uma situação melhor do que a inicial, Joaquim aproveitou para pedir não menos do que 9 mil reais.

Esse é o resultado que, de acordo com a teoria dos jogos, deveria ser alcançado.* A prática não é necessariamente a mesma. Será que, oferecendo uma quantia próxima da mínima, esse valor seria aceito pelo outro jogador? Na sociedade há mais Joaquins ou Antônios?

O TESTE DA TORTA E A REALIDADE

Curiosos sobre como as pessoas se comportariam na vida real nesse tipo de situação, os economistas replicaram esse jogo ao redor do mundo. Os jogos tinham algumas variações e em alguns casos o valor utilizado era cem dólares, em outros, o prêmio a ser dividido era uma torta, mas a lógica era basicamente a mesma.

Um grupo de três economistas reuniu os dados de mais de trinta artigos sobre o Jogo do Ultimato. Os dados abrangiam

---

* O resultado desse "jogo" é conhecido como Equilíbrio de Nash. O nome é referência a John Nash, matemático que recebeu o prêmio Nobel em 1994 por suas contribuições ao ramo da economia conhecido como teoria dos jogos. O Equilíbrio de Nash é um equilíbrio não cooperativo no qual cada agente toma suas decisões visando obter o maior resultado (*payoff*) possível em função da atuação de seus competidores. Nash teve a sua história retratada no filme *Uma mente brilhante*.

25 países. Observou-se que, embora a teoria dos jogos sugira que uma oferta racional fosse a de um valor mínimo (e que aceitar essa oferta mínima também fosse uma decisão racional), na prática o que foi visto foram resultados completamente diferentes.

- Quando o prêmio em questão era uma torta, a média das ofertas era de 37% da sobremesa;
- Em geral, aproximadamente 17% das ofertas foram rejeitadas;
- Quando as ofertas foram menores do que 30%, metade das pessoas as rejeitou.

Na prática, os dados mostram que as pessoas estão muito mais dispostas a rejeitar algumas ofertas do que sugeriria a racionalidade do ser humano. Isso significa que, para prevalecer o conceito de justiça, as pessoas estão dispostas a causar um dano a si mesmas. A explicação é simples. O modelo tradicional de teoria dos jogos — que pressupõe que apenas o dinheiro altera a satisfação do indivíduo — não leva em consideração os aspectos psicológicos que em uma negociação podem ter papel decisivo. No caso do Jogo do Ultimato, alguns pesquisadores sugerem que, em geral, os indivíduos obtêm algum benefício psicológico ao proporcionar um castigo. Caso contrário, eles sofreriam algum dano psicológico ao aceitar uma oferta injusta, assim como Antônio sofreu.

Na prática, isso quer dizer que algumas pessoas preferem receber menos dinheiro (ou nada) a ser tratadas injustamente. Não se olha apenas para os próprios resultados, mas, ao contrário, há uma constante tentativa de comparar os próprios resultados com os de outras pessoas. E, mesmo que estejamos em uma situação melhor do que antes, isso não é o bastante se temos menos do que aqueles que nos cercam.

No teste da torta ao redor do mundo, 17% das ofertas foram rejeitadas, em média, mesmo que os modelos tradicionais de teoria dos jogos proponham que nenhuma oferta deva ser rejeitada. Esse dado sozinho já é o bastante para se afirmar que as pessoas tomam essas decisões porque estão preocupadas com o resultado dos outros? Não. Isso poderia simplesmente significar que os indivíduos estão preocupados com o prêmio final que vão receber, e, no caso da torta, o prêmio é pequeno.

É necessária uma análise mais rigorosa. Para isso, seria interessante a pergunta: o que aconteceria se dobrássemos o tamanho do prêmio, no caso da torta? Se as pessoas estivessem preocupadas principalmente com o próprio resultado, seria esperado que houvesse uma queda significativa no número de rejeições. Afinal, as pessoas receberiam o dobro do que estavam recebendo antes. Como havia dados de 25 países e mais de trinta artigos, com diferentes tipos de prêmios, essa comparação era possível. Para surpresa dos pesquisadores, ao aumentar o tamanho do prêmio (da torta), não houve uma queda significativa no número de rejeições. Ou seja, não importa apenas quanto estamos ganhando, mas quanto estamos ganhando em relação aos nossos companheiros. A maneira como a torta é dividida muitas vezes tem mais importância do que o tamanho do pedaço que cada um recebe.

O PAPEL DO DESEMPENHO DOS OUTROS EM NOSSA AUTOCONFIANÇA

Em toda a história humana, nunca houve um momento em que a sociedade esteve tão próspera quanto agora. A expectativa de vida, a renda per capita e o desenvolvimento urbano nunca estiveram em patamares tão altos. Os níveis de pobreza são os mais baixos. A medicina está no ápice do desenvolvimento. Um cidadão de classe média em São Paulo hoje vive muito melhor do que qualquer nobre na França absolutista.

Porém, apesar de o mundo nunca ter estado tão bem, ainda há pessoas que vivem em condições tão precárias quanto as de séculos atrás. Em diversas partes do mundo, ainda há pessoas que vivem com menos de um dólar por dia. Embora a sociedade se desenvolva ano após ano, o debate sobre desigualdade continua em evidência.

Em 2011, o movimento Occupy Wall Street ganhou a capa dos jornais ao chamar a atenção para a renda do 1% mais rico dos Estados Unidos. Um dos livros de economia mais famosos e bem avaliados pela crítica dos últimos tempos, *O capital no século XXI*, do economista Thomas Piketty, também aborda o aumento da desigualdade e da concentração de riqueza em mais de vinte países. A obra ganhou o prêmio Business Book of the Year, do jornal *Financial Times* e da empresa de consultoria McKinsey, em 2014.

Apesar de os protestos em Wall Street e o livro de Piketty se tornarem famosos, o mundo está melhor. Os níveis de pobreza nunca foram tão baixos, as pessoas nunca tiveram tanta saúde e jamais viveram tanto. Porém, eventos como esses nos mostram uma coisa: o simples fato de melhorarmos nossa vida não é o bastante se nosso vizinho teve uma melhora muito maior. É um hábito inerente ao ser humano se comparar aos demais.

Economistas clássicos entenderam que os indivíduos são motivados, pelo menos em parte, por preocupações sobre posições relativas. Segundo Adam Smith, "nada é tão humilhante como se ver obrigado a expor nosso sofrimento para o público". Essa é umas das explicações pelas quais, na prática, indivíduos estão dispostos a se prejudicar a fim de obter resultados mais equitativos, como vimos no Jogo do Ultimato.

Sonja Lyubomirsky e Lee Ross, pesquisadores do Departamento de Psicologia de Stanford, colocaram em uma sala diversos estudantes e distribuíram entre eles vários anagramas para ser resolvidos entre eles. A intenção era ver como o desempenho dos demais afetaria a performance individual. Sempre que uma pessoa via alguém resolver os anagramas mais rapidamente, seu comportamento se alterava. Uma sensação semelhante a quando estamos fazendo uma prova e vemos aquele colega terminá-la em dez minutos, quando ainda estamos na primeira questão. Algumas pessoas, quando viam seus companheiros resolverem os anagramas mais depressa, passavam a colocar em dúvida sua própria habilidade naquela tarefa, demonstrando grande tendência a deprimir seu humor e até a relatar menos prazer na experiência.

Além de colocar em dúvida a própria habilidade para desempenhar aquela tarefa, descobriu-se que essas pessoas eram justamente as mais infelizes do grupo. Participantes mais felizes, ao contrário, não mostraram a mesma tendência a responder negativamente aos resultados dos companheiros mais velozes. Indivíduos mais felizes tendem a levar menos em consideração as comparações sociais ao avaliar a si mesmos. Em vez disso, preferem fazer uma avaliação interna. No caso do Jogo do Ultimato, seria a pessoa que se sente extremamente feliz em aceitar os mil reais, pois ficou mil reais mais rica, independentemente de quanto o outro tenha levado.

No grupo dos mais infelizes, as pessoas dependem de fatores que não estão sob seu controle para alterar seu nível de satisfação — o desempenho dos demais. Não há nada a fazer senão torcer para ter um desempenho melhor que o dos outros. Já no grupo dos mais felizes, as pessoas ligariam a própria felicidade a realizações internas, ou seja, a algo que está totalmente dependente de suas ações e que pode ser modificado com novos comportamentos e novas atitudes.

O surpreendente é ver que as pessoas mais infelizes se sentiram melhor quando receberam baixas avaliações e ao mesmo tempo ouviram que seus pares haviam recebido notas piores do que quando receberam boas avaliações e ouviram que seus pares tiveram desempenhos melhores. Em outras palavras, o que esses estudos mostram é que para muitos é melhor ser pior com todos do que ser bom, mas não tanto quanto os outros. Muitos preferem ser peixe grande em aquário pequeno.

O TESTE DA TORTA NO DEBATE POLÍTICO

Certa vez, na Câmara dos Comuns,* a primeira-ministra britânica Margaret Thatcher, reconhecida por seu pensamento econômico liberal, foi indagada por um congressista do Partido Trabalhista.** "Não há dúvidas de que a senhora, através de diversas maneiras, alcançou um substancial sucesso na economia. Existe uma estatística, porém, que eu entendo que não seja motivo de orgulho. E esta engloba os onze anos de seu governo. O abismo entre os 10% mais ricos e os 10% mais pobres cresceu substancialmente [...]. Essa não é uma estatística de que ela [Margaret Thatcher] ou qualquer outro primeiro-ministro possa

---

* Câmara dos Comuns é o nome da câmara inferior do Parlamento britânico, equivalente à Câmara dos Deputados no Brasil.
** Disponível em: <https://www.youtube.com/watch?v=okHGCz6xxiw>. Acesso em: 31 jul. 2017.

se orgulhar", concluiu o congressista aos aplausos de seus companheiros de partido.

O thatcherismo, como ficou conhecido, se caracterizou pela redução da intervenção do Estado na economia e pela exaltação das virtudes do livre mercado. Além disso, Thatcher lutou vigorosamente pelo combate aos sindicatos dos trabalhadores, pela flexibilização do salário mínimo e pela redução do Estado de bem-estar social. Essa diretriz centrada na desregulamentação do setor financeiro, na flexibilização do mercado de trabalho e na privatização das empresas estatais era baseada no pensamento econômico da Escola de Chicago e tinha entre um de seus defensores Hayek, de quem Thatcher era grande admiradora.

Sob o governo de Thatcher, a Inglaterra apresentou grande crescimento econômico e controle da inflação. Como o próprio congressista da oposição reconhece, essa política econômica liberal inegavelmente estimulou diversos avanços na economia inglesa. No entanto, o congressista supõe que a mesma política aumentou de modo considerável a desigualdade social.*

O gráfico a seguir mostra — ao menos de maneira superficial — o que o político do Partido Trabalhista estava dizendo. Ele é representado aqui pelo índice de Gini. Quanto mais perto de 100, mais desigual é um país. Quanto mais próximo de zero, mais igualitário. Nos onze anos de governo Thatcher, o índice saiu de 23 para aproximadamente 34.

---

* Essa é apenas uma suposição do congressista do Partido Trabalhista, já que não é tarefa simples atribuir as políticas de Margaret Thatcher como causas do aumento da desigualdade. Pode haver diversos outros motivos que talvez tenham contribuído para isso, como crise internacional, entre outros.

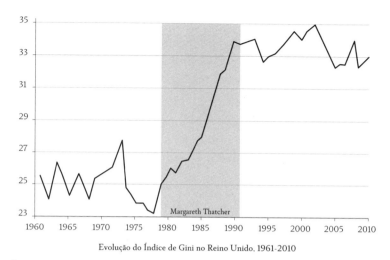

Evolução do Índice de Gini no Reino Unido, 1961-2010

Índice de Gini, que mede a desigualdade entre os mais ricos e os mais pobres de um país.

O que o congressista fez foi nada mais do que colocar em pauta o teste da torta no debate político. É preferível um país crescendo vigorosamente, ainda que haja mais desigualdade social? Ou é melhor um país mais igualitário, ainda que isso signifique um crescimento menos robusto?

No entanto, Thatcher, que tinha uma maneira firme de fazer política, respondeu serenamente: "Senhor deputado, todos os níveis financeiros estão melhores do que estavam em 1979. O que o honrado membro está falando é que preferiria que os pobres fossem mais pobres, para que os ricos fossem menos ricos. Ainda que você não tenha querido dizer isso, foi isso que o honrado membro disse". E finalizou gesticulando com as mãos que sim, o vão entre os mais ricos estava maior, porém, todos, principalmente os mais pobres, estavam em situação melhor do que estavam em 1979, onze anos antes de a Dama de Ferro assumir o governo.

No Brasil, também houve quem optasse por incentivar o crescimento econômico do país mesmo que significasse aumentar a desigualdade. Antônio Delfim Netto foi ministro da Fazenda no governo militar de 1967 a 1974. Ficaram famosas as explicações dadas por Delfim na televisão, em que defendia: "É preciso primeiro aumentar o 'bolo', para depois reparti-lo". Delfim estava se referindo ao PIB do Brasil. Primeiro era necessário fazer o país crescer depois ele pensaria em repartir o bolo (ou a torta) de maneira mais justa.

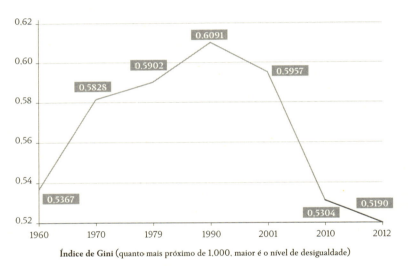

Índice de Gini (quanto mais próximo de 1,000, maior é o nível de desigualdade)

Índice de Gini, que mede a desigualdade entre os mais ricos e os mais pobres no Brasil.

De fato, com a economia sob seu comando, o Brasil crescia a taxas de 10% ao ano. Por esse motivo, o período em que Delfim foi ministro da Fazenda ficou conhecido como Milagre Econômico. Mas, se por um lado o país crescia como nunca, por outro, a desigualdade aumentava. Não que os pobres estivessem mais pobres e os ricos mais ricos. Na verdade, o índice de pobreza também diminuiu significativamente. O período que ficou conhecido como Milagre Econômico, embora receba esse nome, é alvo de críticas até hoje em razão da grande escalada da desigualdade.

Mesmo a taxa de pobreza diminuindo de forma considerável de 1970 a 1980, as constantes críticas em relação ao aumento da desigualdade mostram que as posições relativas importam tanto quanto as posições absolutas.

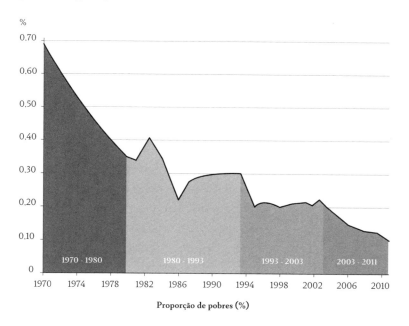

Proporção de pobres (%)

A história de Delfim Netto e Margaret Thatcher é um Jogo do Ultimato na vida real. Ambos nunca devem tê-lo jogado, mas, se tivessem, certamente aceitariam a oferta mínima, pois saberiam que, no fim, estariam melhor do que quando entraram no jogo, e, para eles, era isso que importava. Mas nem todos pensam assim.

Por que as pessoas se preocupam tanto com a posição relativa? Por que alguém está disposto a se sacrificar só para ter uma equidade maior? Por que um político pode aceitar que alguém esteja em uma condição pior apenas em detrimento de maior igualdade, como o membro do Partido Trabalhista inglês? Diversos estudos sugerem que as pessoas estão dispostas a sacrificar algo somente para defender o igualitarismo. As experiências, porém, colocam dúvidas sobre a noção de que as pessoas se preocupam com igualdade apenas por altruísmo. A resposta pode ter a ver com biologia evolutiva, e não com economia.

Isso se deve ao fato de que, por um grande período da história humana, as pessoas viviam em pequenos grupos, e para aumentar as chances de sobrevivência era necessária certa propensão a contribuir para o grupo, uma vez que com um grupo bem-sucedido as chances de sucesso de um indivíduo eram maiores. Por esse motivo, há no instinto humano uma tendência a punir aqueles que não contribuem com o grupo ou com a sociedade. Mais do que simples altruísmo, portanto, a história mostra que o motivo pelo qual há uma tendência em "punir" aqueles que não contribuem para o grupo é uma questão de sobrevivência.

Portanto, respondendo à pergunta inicial:
"Você se importaria se eu pegasse mais?"
"Depende. Você vai ganhar muito mais do que eu?"
"Sim."
"Então, sim, eu me importo!"

Agradecimentos

Ao brilhante economista e amigo Leonardo de Siqueira Lima, que participou de forma intensa em todo o processo desde o início deste projeto, inclusive com ideias que deixaram o resultado bem mais interessante. Ao Mauro Rodrigues, pelas discussões sobre economia sempre estimulantes. À editora Fernanda Pantoja, pela edição meticulosa que melhorou muito o texto final, e à Companhia das Letras, por ter acreditado no projeto. Por último, às pessoas queridas que inspiraram muitas das histórias.

Referências bibliográficas

ABRAMOVITCH, R.; FREEDMAN, J. L.; PLINER, P. "Children and Money: Getting an Allowance, Credit Versus Cash, and Knowledge of Pricing", *Journal of Economic Psychology*, v. 12(1), pp. 27-45, 1991.

ARIELY, D.; KAMENICA, E.; PRELEC, D. "Man's Search for Meaning: The Case of Legos", *Journal of Economic Behavior & Organization*, v. 67(3), pp. 671-7, 2008.

AVERETT, S. L.; ARGYS, L. M.; REES, D. I. "Older Siblings and Adolescent Risky Behavior: Does Parenting Play a Role?", *Journal of Population Economics*, v. 24(3), pp. 957-78, 2011.

BANDIERA, O. et al. "Community Networks and Poverty Reduction Programmes: Evidence from Bangladesh." LSE Research Online Documents on Economics 58054, London School of Economics and Political Science, LSE Library, 2009.

BAYER, P.; HJALMARSSON, R.; POZEN, D. *Building Criminal Capital Behind Bars: Peer Effects in Juvenile Corrections* (N. w12932). National Bureau of Economic Research, 2007.

BEAMAN, L.; MAGRUDER, J. "Who Gets the Job Referral? Evidence from a Social Networks Experiment", *American Economic Review*, v. 102(7), pp. 3574-93, 2012.

BECKER, G. S.; GROSSMAN, M.; MURPHY, K. M. *An Empirical Analysis of Cigarette Addiction* (N. w3322). National Bureau of Economic Research, 1990.

BELSKY, J. et al. "Are There Long-Term Effects of Early Child Care?", *Child Development*, v. 78(2), pp. 681-701, 2007.

BERGER, E. M.; SPIESS, C. K. "Maternal Life Satisfaction and Child Outcomes: Are They Related?", *Journal of Economic Psychology*, v. 32(1), pp. 142-58, 2011.

BERKMAN L. F.; SYME S. L. "Social Networks, Host Resistance, and Mortality: A Nine-Year Follow-Up Study of Alameda County Residents", *American Journal of Epidemiology*, v. 109(2), pp. 186-204, 1979.

BLACK, S. E.; DEVEREUX, P. J.; SALVANES, K. G. "The More the Merrier? The Effect of Family Size and Birth Order on Children's Education", *The Quarterly Journal of Economics*, v. 120 (2), pp. 669-700, 2005.

BLANCHFLOWER, D. G.; OSWALD, A. J. "Money, Sex and Happiness: An Empirical Study", *The Scandinavian Journal of Economics*, v. 106(3), pp. 393-415, 2004.

BUSS, D. M. "Sex Differences in Human Mate Preferences: Evolutionary Hypotheses Tested in 37 Cultures", *Behavioral & Brain Sciences*, v. 12 (1), pp. 1-14, 1989.

CAI, H.; CHEN, Y.; FANG, H. "Observational Learning: Evidence from a Randomized Natural Field Experiment", *American Economic Review*, v. 99(3), pp. 864-82, 2009.

CARRELL, S. et al. "Peer and Leadership Effects in Academic and Athletic Performance", mimeografado, *Dartmouth College*, 2007.

CASAL, S. et al. "Would You Mind if I Get More? An Experimental Study of the Envy Game", *Journal of Economic Behavior & Organization*, v. 84(3), pp. 857-65, 2012.

CHARLES, K. et al. "Conspicuous Consumption and Race", *The Quarterly Journal of Economics*, v. 124(2), pp. 425-67.

CHARNESS, G.; MASCLET, D.; VILLEVAL, M. C. "The Dark Side of Competition for Status", *Management Science*, v. 60(1), pp. 38-55, 2013.

CLARK, L. et al. "Differential Effects of Insular and Ventromedial Prefrontal Cortex Lesions on Risky Decision-Making", *Brain*, v. 131(Pt 5), pp. 1311-22.

DALY, M. C. et al. "Dark Contrasts: The Paradox of High Rates of Suicide in Happy Places", *Journal of Economic Behavior & Organization*, v. 80(3), pp. 435-42, 2011.

DESTENO, D. et al. "Gratitude: A Tool for Reducing Economic Impatience", *Psychological Science*, v. 25(6), pp. 262-7, 2014.

DÍAZ-GIMÉNEZ, J.; GIOLITO, E. "Accounting for the Timing of First Marriage", *International Economic Review*, v. 54(1), n. 2, pp. 135-58, 2013.

DIJKSTRA, J. K.; CILLESSEN, Antonius H. N.; BORCH, C. "Popularity and Adolescent Friendship Networks: Selection and Influence Dynamics", *Developmental Psychology*, v. 49 (7), pp. 1242-52, jul. 2013.

DOOLEY, M.; STEWART, J. "Family Income, Parenting Styles and Child Behavioural-Emotional Outcomes", *Health economics*, v. 16(2), pp. 145-62, 2007.

DUBOIS, D.; RUCKER, D. D.; GALINSKY A. D. "Super Size Me: Product Size as a Signal of Status", *Journal of Consumer Research*, v. 38, n. 6, pp. 1047-62, 2012.

FALCI, C.; MCNEELY, C. "Too Many Friends: Social Integration, Network Cohesion and Adolescent Depressive Symptoms", *Social Forces*, v. 87, n. 4, pp. 2031-61, jun. 2009.

FRIEDBERG, L. "Did Unilateral Divorce Raise Divorce Rates? Evidence from Panel Data", *The American Economic Review*, v. 88(3), pp. 608-27, 1998.

GACHTER, S.; FEHR, E. "Cooperation and Punishment in Public Goods Experiments", *American Economic Review*, v. 90(4), pp. 980-94, 2000.

GARDNER, J.; OSWALD, A. J. "Do Divorcing Couples Become Happier by Breaking Up?", *Journal of the Royal Statistical Society. Series A (Statistics in Society)*, v. 169, n. 2, pp. 319-36, 2006.

GLENNY, M. *O dono do morro*. São Paulo: Companhia das Letras, 2016.

GOLDSTEIN, N. J.; CIALDINI, R. B.; GRISKEVICIUS, V. "A Room with a Viewpoint: Using Social Norms to Motivate Environmental Conservation in Hotels", *Journal of Consumer Research*, v. 35, 2008.

GONZALEZ, L.; VITITANEN, T. "The Effect of Divorce Laws on Divorce Rates in Europe", *European Economic Review*, v. 53(2), pp. 127-38, 2009.

GREENWOOD, J. et al. "Marry Your Like: Assortative Mating and Income Inequality", *American Economic Review*, v. 104(5), pp. 348-53, maio 2014.

_____. "Technology and the Changing Family: A Unified Model of Marriage, Divorce, Educational Attainment, and Married Female Labor-Force Participation", *American Economic Journal: Macroeconomics*, v. 8(1), pp. 1-41.

GROSS, J. J.; LEVENSON, R. W. "Emotional Suppression: Physiology, Self-Report, and Expressive Behavior", *Journal of Personality & Social Psychology*, v. 64(6), pp. 970-86, 1993.

GROSSMAN, M.; CHALOUPKA, F. J. "The Demand for Cocaine by Young Adults: A Rational Addiction Approach", *Journal of Health Economics*, v. 17(4), pp. 427-74, 1998.

GÜTH, W.; SCHMIDT, C.; SUTTER, M. "Bargaining Outside the Lab: A Newspaper Experiment of a Three-Person Ultimatum Game", *The Economic Journal*, v. 117(518), pp. 449-69, 2007.

HANUSHEK, E. A.; WÖSSMANN, L. "Does Educational Tracking Affect Performance and Inequality? Differences-in-Differences Evidence Across Countries", *Economic Journal, Royal Economic Society*, v. 116(510), n. 3, pp. 63-76, 2006.

HARKNETT, Kristen. "Why Are Children with Married Parents Healthier? The Case of Pediatric Asthma", *Population Research and Policy Review*, v. 28 (3). pp. 347-65, 2009.

HARRIS, J. E.; CHAN, S. W. "The Continuum of Addiction: Cigarette Smoking in Relation to Price Among Americans Aged 15-29", *Health Economics*, v. 8(1), pp. 81-6, 1999.

HERBST, C. M.; TEKIN, E. "Child Care Subsidies, Maternal Health, and Child-Parent Interactions: Evidence from Three Nationally Representative Datasets", *Health Economics*, v. 23(8), pp. 894-916, 2014.

HIRSHLEIFER, D.; SHUMWAY, T. "Good Day Sunshine: Stock Returns and the Weather", *Journal of Finance*, v. 58(3), pp. 1009-32, 2003.

HOXBY, C. Peer Effects in the Classroom: Learning from Gender and Race Variation (N. w7867). National Bureau of Economic Research, 2000.

HUGHES, C. E.; Stevens, A. "What Can We Learn from the Portuguese Decriminalization of Illicit Drugs?", British Journal of Criminology, azq083, 2010.

KAHNEMAN, D. et al. "Would You Be Happier if You Were Richer? A Focusing Illusion", Science, v. 312 (5782), 1908-10, 2006.

KAN, K. "Cigarette Smoking and Self-Control". Journal of Health Economics, v. 26(1), pp. 61-81, 2007.

_____. TSAI, W. D. "Parenting Practices and Children's Education Outcomes", Economics of Education Review, v. 24(1), pp. 29-43, 2005.

KRAMER, A. D. I.; GUILLORY, J. E.; HANCOCK, J. T. "Experimental Evidence of Massive-Scale Emotional Contagion through Social Networks", PNAS: Proceedings of the National Academy of Sciences of the United States of America, pp. 111, 8788–90. doi:10.1073/pnas.1320040111, 2014.

KRING, A. M. "Emotion Disturbances as Transdiagnostic Processes in Psychopathology", em: LEWIS, M. et al. (Orgs.) Handbook of Emotions. 3. ed. Nova York, NY, US: Guilford Press, 2008, pp. xvi, 691-705, 848.

LAUX, F. L. "Addiction as a Market Failure: Using Rational Addiction Results to Justify Tobacco Regulation", Journal of Health Economics, v. 19(4), pp. 421-37, 2000.

LERNER, L.; VALDESOLO, K. "Emotion and Decision Making", The Annual Review of Psychology, v. 66, pp. 799-823, 2014.

LOEWENSTEIN, George. "Emotions in Economic Theory and Economic Behavior", American Economic Review, v. 90(2), pp. 426-32, 2000.

LYUBOMIRSKY, S.; ROSS, L. "Hedonic Consequences of Social Comparison: A Contrast of Happy and Unhappy People", Journal of Personality and Social Psychology, v. 73(6), p. 1141, 1997.

MARSH, H. W.; HAU, K. T. "Big Fish Little Pond Effect on Academic Self--Concept: A Crosscultural (26-Country) Test of the Negative Effects of Academically Selective Schools", American Psychologist, v. 58, pp. 364–76, 2003.

MATOUSCHEK, N.; RASUL, I. "The Economics of the Marriage Contract: Theories and Evidence". *Journal of Law and Economics*, v. 51(1), n. 2, pp. 59-110, 2008.

MCLANAHAN, S.; SANDEFUR, G. D. *Growing Up with a Single Parent: What Hurts? What Helps?*. Cambridge, MA: Harvard University Press, 1994.

NELISSEN, R. M. A.; MEIJERS, Marijn H. C. "Social Benefits of Luxury Brands as Costly Signals of Wealth and Status", *Evolution and Human Behavior*, v. 32(5), pp. 343-55, 2011.

OOSTERBEEK, H.; SLOOF, R.; VAN DE KUILEN, G. "Cultural Differences in Ultimatum Game Experiments: Evidence from a Meta-analysis", *Experimental Economics*, v. 7(2), pp. 171-88, 2004.

PELLIZZARI, M. "Do Friends and Relatives Really Help in Getting a Good Job?", *Industrial and Labor Relations Review*, Cornell University, IRL School, v. 63(3), pp. 494-510, 2010.

PICONE, G. A.; SLOAN, F.; TROGDON, J. G. "The Effect of the Tobacco Settlement and Smoking Bans on Alcohol Consumption", *Journal Health Economics*, v. 13(10), pp. 1063-80, 2004.

QUIGLEY, B. M.; TEDESCHI, J. T. "Mediating Effects of Blame Attributions on Feelings of Anger", *Personality and Social Psychology Bulletin*, v. 22, pp. 1280-8, 1996.

RATH, T. *Vital Friends: The People You Can't Afford to Live Without*. Washington DC: Gallup Press, 2006.

SCARAMUZZO, M. "Dono do Pão de Açúcar apura roubo em estoque". *Revista Exame*, 22 dez. 2015. Disponível em: <http://exame.abril.com.br/negocios/dono-do-pao-de-acucar-apura-roubo-em-estoque/>. Acesso em: 30 mar. 2017.

SCHWARTZ, B. *The Paradox of Choice: Why More Is Less*. Nova York, NY: Ecco/HarperCollins Publishers, 2004.

SMITH, A. *The Theory of Moral Sentiments*. New Rochelle, NY: Arlington House, 1969 [publicação original 1759].

STATTIN, H.; KERR, M. "Parental Monitoring: A Reinterpretation", *Child Development*, v. 71(4), pp. 1072-85, 2000.

STEVENSON, B.; WOLFERS, J. "Marriage and Divorce: Changes and their Driving Forces", *Journal of Economic Perspectives*, v. 21(2), pp. 27-52, 2007.

TAMM, M. "Does Money Buy Higher Schooling? Evidence from Secondary School Track Choice in Germany", *Economics of Education Review*, v. 27(5), pp. 536-45, 2008.

The Economist. "With a Little Help from my Friends: Poverty is About Who You Know as Much as What You Earn", 4 jun. 2015. Disponível em: <http://www.economist.com/news/finance-and-economics/21653680--poverty-about-who-you-know-much-what-you-earn-little-help-my>. Acesso em: 30 mar. 2017.

UENO, K. "The Effects of Friendship Networks on Adolescent Depressive Symptoms", *Social Science Research*, v. 34(3), p. 484, 2005.

VEBLEN, T. *The Theory of the Leisure Class: An Economic Study of Institutions*. Kila, MT: Kessinger, 2004 [publicação original 1899].

WANG, Y.; GRISKEVICIUS, V. "Conspicuous Consumption, Relationships, and Rivals: Women's Luxury Products as Signals to Other Women", *Journal of Consumer Research*, v. 40, n. 5, pp. 834-54, 2014.

WILDE, O. *The Picture of Dorian Gray*. Ed. rev. Nova York, NY: Penguin Classics, 2006. [Ed. bras.: *O retrato de Dorian Gray*. São Paulo: Penguin Companhia, 2012.]

WILSON, B.; SMALLWOOD, S. "Age Differences at Marriage and Divorce", Population Trends 132, Office for National Statistics, 2008.

Créditos das imagens

Infográficos de Bruno Romão

p. 42: Shutterstock

p. 69: Alex Yocu

pp. 71 e 72: Utilizada com autorização da Gallup, Inc. Retirada de Melanie Standish e Dan Witters, "Country Well-Being Varies Greatly Worldwide", Gallup, 16 set. 2014; permissão concedida pela Copyright Clearance Center, Inc.

p. 78: Utilizada com autorização da Elsevier. Retirada de Martin Binder and Andreas Freytag, "Volunteering, Subjective Well-Being and Public Policy", *Journal of Economic Psychology*, v. 34, 1 Fev. 2013; permissão concedida pela Copyright Clearance Center, Inc.

p. 109: Utilizada com autorização da Atlantic Monthly Group, Inc. Retirada de Ritchie King, "217 Years of Homicide in New York, 31 Dez. 2013; permissão concedida pela Copyright Clearance Center, Inc.

p. 163: Olivier Berruyer, d'aprés IFS et EuroStat.

p. 164: PNAD/IBGE

p. 165: Sonia Rocha, "Pobreza no Brasil: A evolução de longo prazo (1970-2011)". Rio de Janeiro: XXV Fórum Nacional, Instituto Nacional de Altos Estudos, 2013.

ESTA OBRA FOI COMPOSTA PELA ABREU'S SYSTEM EM INES LIGHT
E IMPRESSA EM OFSETE PELA LIS GRÁFICA SOBRE PAPEL PÓLEN SOFT DA
SUZANO PAPEL E CELULOSE PARA A EDITORA SCHWARCZ EM OUTUBRO DE 2017

A marca FSC® é a garantia de que a madeira utilizada na fabricação do papel deste livro provém de florestas que foram gerenciadas de maneira ambientalmente correta, socialmente justa e economicamente viável, além de outras fontes de origem controlada.